家业传承

富二代采访手记

JIAYECHUANCHENG FUERDAI CAIFANGSHOUJI

韩东 ◎ 著

当代世界出版社

图书在版编目（CIP）数据

家业传承：富二代采访手记 / 韩东著 . -- 北京：当代世界出版社，2017.9

ISBN 978-7-5090-1256-7

Ⅰ．①家… Ⅱ．①韩… Ⅲ．①企业家－访问记－中国－现代 Ⅳ．① K825.38

中国版本图书馆 CIP 数据核字（2017）第 195322 号

家业传承：富二代采访手记

作　　者：	韩　东
出版发行：	当代世界出版社
地　　址：	北京市复兴路4号（100860）
网　　址：	http://www.worldpress.org.cn
编务电话：	（010）83908456
发行电话：	（010）83908409
	（010）83908377
	（010）83908423（邮购）
	（010）83908410（传真）
经　　销：	全国新华书店
印　　刷：	北京紫瑞利印刷有限公司
开　　本：	710 毫米 × 1000 毫米　1/16
印　　张：	12.25
字　　数：	164 千字
版　　次：	2017 年 9 月第 1 版
印　　次：	2017 年 9 月第 1 次
书　　号：	ISBN 978-7-5090-1256-7
定　　价：	36.00 元

如发现印装质量问题，请与承印厂联系调换。
版权所有，翻版必究，未经许可，不得转载！

父辈的旗帜

暨南大学管理学院院长助理　邓地博士

老韩让我给这本新书写个序。我眼前很自然地浮现出一幕不常想起的往事。

十多年前，我和记者朋友去拜访珠三角的一家民营企业。企业上上下下都很热情。临别，总经理亲自把我们送到门口。突然，厂区里传来剧烈的发动机的轰鸣和轮胎摩擦地面的刺耳噪声。原来是董事长两个十几岁的孩子开着一台奔驰轿跑在厂区开阔的路面上玩漂移。这时，出身外省贫寒家庭、与董事长一手一脚打下江山的总经理皱了皱眉，用他半咸不淡的粤语嘟囔了一句："二世祖啊，都是惯的！"

十多年过去了，"二世祖"们如今应该都长大了。他们还会在厂区里玩漂移吗？总经理还在那个公司吗？企业的发展势头还像当年那么蓬勃吗？老韩打算用他亲手采集的15个案例来回答这些问题。

关于家族企业

我们中国人好像天生喜欢宏大叙事。升斗小民天天关心王石的董事长位子保不保得住、马爸爸在达沃斯如何舌灿莲花、"贾布斯"的几百亿究竟去了哪儿……可是我们常常漠视身边一个沉默而庞大的群体：中国85%的民营企业属于泛家族企业。其实美国的数字也差不多。欧洲德、法两国上市公司当中家族企业也占了将近 2/3。无数名不见经传、由某个家庭的父母兄弟胼手胝足打造出来的家族企业，常常是一个经济体喧嚣表象背后的静水深流。

然而，无论对于商业媒体的记者们还是商学院的学者们，有关家族企业的观察和探讨都不算热门的主题。原因可能起码有这几点：第一，家族企业多数不是上市公司，关于它们的数据和事实难以获得。第二，家族企业中小公司居多。而且在中国，它们通常不属于国计民生的重要产业或者风口浪尖的高科技行业，所以常常被认为"缺乏影响力"。换句话说：它们不算成功。第三，家族企业的管理常常与封闭保守划上等号，甚至被认为代表了落后的生产组织形式。我们这个"家文化"绵延千载的国度，一旦服膺了现代科技与制度，反思的意味尤其浓烈。

第一个挑战无疑一直是客观存在的。也正因为它们在信息披露方面的相对"沉默"，所以这本书里 15 个有血有肉的案例才显得弥足珍贵。但是，后面的两条理由真的站得住脚吗？

企业成功的标准是什么？任正非的答案是"经历九死一生仍然活着就是成功"。他老说"华为最大的使命就是活下去"。谁活得更长呢？麦肯锡的统计：美国家族企业的平均寿命是 24 年。而一般跨国公司的寿命只有 10～12 年。中国的民营企业，平均寿命有的说 2.9 年，有的说 3.7 年，总之它们当中的大部分没有机会经历两届以上的奥运会举办。而本书里的这些公司既然都已经在谈论第二代接班的问题，它们的平均年龄至少已经超过 15 岁了吧。相比之下，这些家族企业是何等的成功！

至于封闭保守的判断，我们只需要看一大一小两个例子。大的是美的。2012 年，何享健将自己一手打造的千亿帝国托付给一个"外人"方洪波。小的例子是海底捞。为了企业的发展，当初四个股东开的小店，张勇先让自己的太太回了家，然后是朋友施永宏的太太回家，再然后是跟自己平起平坐的股东、

20 多年忠心耿耿的死党施永宏本人也下岗。在这本书里，作者也观察到越来越多的中国家族公司有了这样的胸怀。家族企业不再等于夫妻店，也可以是海纳百川的世界 500 强。

关于传承

传承是家族企业独特的关键词。因为只有把企业当"儿子"养而不是当"猪"养的创业者才有机会谈传承。你很少会看到哪个家族企业的老板从创业开始就忙活着一轮又一轮的融资，然后盘算着啥时候把企业卖个好价钱。家族企业引入职业经理人、上市的过程中，也许表面上"家人"的角色淡了，但是家族企业重情、守信、谋求永续发展的精神内核反而更加光彩照人。

两位加拿大学者 Miller 和 Breton 在 21 世纪初发表过一组重要的学术文章，研究家族企业的所谓 "stewardship"。个人觉得，如果 "entrepreneurship" 翻译成"创业精神"的话，"stewardship" 这个词大概可以翻译成"持家精神"。他们发现，家族企业的当家人，无论对于产品和品牌、对于员工和社区，还是对于客户，都有着比非家族企业领导者更坚韧的承诺。在这本书里，我们可以发现这样一个个生动的例子。比如第三次回归的章家大小姐有一句话："如果我不是老板的女儿，我可能会选择放弃。但我不能那样做，那样会被人看不起。"

虽然传承是全世界家族企业的共同话题，但是在今天的中国，讨论家族企业的传承无疑有特殊的文化与时代背景。

一方面，家庭在中国的传统中几乎是一种信仰。其意义比个人主义底色的盎格鲁 - 撒克逊文化突出得多。1998 年，费孝通和台湾学者李亦园教授有过一次影响深远的对话。费孝通说："中国文化的活力我想就在世代之间。一个人不觉得自己多么重要，要紧的是光宗耀祖……养育出色的孩子。把这样的社会事实充分地调查清楚，研究透彻，并且用现在的话讲出来，这是我们的责任。"

另一方面，我们这些年高歌猛进、大起大伏的经济发展历程全世界几乎没有先例。大家常常说，中国人用三十年的时间走完了西方两三百年才走完的发展道路。这也就意味着许多工业产业在中国的生命周期是别的国家不曾有的"快进模式"。站在企业的微观视角来看，很可能它所从事的那个产业从大幕开启到意兴阑珊甚至曲终人散的全过程，就在创业者一代人的脚下走完了。也就是说，第一代企业家可能就面临转型、升级的考验，企业甚至熬不到第一次接班。比如说当年的 VCD、DVD、MP3、U 盘（尽是些暴露年龄的缩写名词啊），又比如本书中提到的制衣、制鞋等低端的代工产业……即使企业能熬到接班，后继者要想简单重复创业者的成功也已经没有条件，所以他们根本已经谈不上接过父辈的产业，那他们还接什么班呢？

他们能接过来的，只有父辈的旗帜。

这本书里有许多"创二代"的故事：做电商"异军突起"的郭家小弟；成功试水新媒体的暨大 MBA 师弟江同学；一起开拓节能 LED 市场、青出于蓝的小丁和老丁……就像作者自己总结的那样，无形资产的继承，在父辈事业基石上的创新，真正让人看到中国"创二代"们的充满想象空间的未来。

关于老韩

最后说说这本书的作者吧。

有一个关于 MBA 的段子：在商学院的走廊里，你碰到那些长得像学生的人，很可能是老师；长得像老师的，多半都是学生。老韩就是这样一个长得像老师的 MBA 学生。

老韩待人接物沉着、周到，几近细腻；侃大山的时候却又有些愤世嫉俗，偶尔会在 Q 群、微信里开开玩笑。他是北方人，在大国企待过，后来又在东莞做了多年外贸，典型的珠三角经理人加创业者的背景。印象中他好像从未有过摇笔杆子的经历。所以当他说 MBA 毕业后准备做点研究、写本书，我完全当是他心血来潮。直到老韩成为校友之后的某一天，他回到学校找我，问我能不能开一张介绍信，让他去采访的时候不至于被拒门外，而且还能侃侃而谈国内几位著名学者关于家族企业研究的路径、观点，我才突然意识到——这哥们是来真的！

老韩研究家族企业这个事让我想起一本书。德鲁克一辈子写了许多名动天下的煌煌大作，但是他自己最钟爱的是他青少年时代的自传，叫做《旁观者》（Adventures of a Bystander）。大家都知道德鲁克平生从事过许多不同的职业：记者、证券分析师、教授、咨询师……但他觉得归根到底自己在这世界上的角色是个"旁观者"。在那样一个风云激荡的大时代，不愿意放弃独立思考，也不愿意走入舞台的中央，于是他选择做一个旁观者——一个最终影响了世界的旁观者。

我希望老韩的旁观也越来越精彩。

邓地

2017 年盛夏　暨南园

传承是与生俱来的事

井田商学院　梁嘉

一直没有找到"富二代"这个词汇的出处，只知道近年间流行应用甚广。刚开始，它较为正面地代表巨额财富的继承人。后来，它又偏向负面地代表有钱且任性的年轻人。发展到现在，当年轻人被标签为"富二代"时，会瞬间反驳："你这是骂谁呢你？！"

回归传承这个主题，在我个人的理解：传承是与生俱来的事，不仅仅适用于所谓的"富二代"！再简单不过的例证就是：从我们出生的时候，就自然而然地传承了父母的DNA了。传承的范畴应该包含"显形资产"与"隐形资产"。显形资产的传承包含了现金、企业、物业、品牌等，隐形资产的传承包含了言谈举止、兴趣爱好、思维角度、精神信仰、手艺经验等。

我出生于广东一个生产五金制品的家庭，父辈在1980年开始下海创业，而31岁的我迄今还没有"传承／接班"父辈所建立的产业。自行分析主要有两个原因，其一，父亲才50来岁，绝对还有精神和体力去做他喜欢的工作。其二，我的兴趣不在生产制造，没有把握可以让企业往更好的方向发展。相信很多没有用"传统定义"去传承的年轻人必定有其不为外间所知道的原因。

在此从年轻人的角度去分享几个身边的故事。

有一位做建材的企业家把股份和职位都转给了女儿，只有一个要求：赚够银行利息就可以了。怎么理解这个要求呢？就是假设这个企业所投入运营的资本都是从银行贷款所得，你赚回贷款利息就可以了。天知道投入上亿的产业要赚回多少纯利才可以抵消所谓的"银行利息"啊？所以，这样子的传承不是每一个人都扛得住的。

有一位朋友家里有很多兄弟姊妹，自己是老大，却不是兄弟姊妹中最聪明的。他曾在公开场合分享："要在兄弟姊妹中胜出，拿到家里产业掌控权，必须要摸透父亲心里的想法，然后往那个方向走。"不知道为何，当时在现场听到这一段的我，心里凉飕飕的。所以，传承有时候还需要"内部竞争"。

还有一朋友家里经营着纸箱厂，从2010年毕业之后开始勤勤恳恳地在工厂各个岗位轮职体验，好不容易浸泡到2016年父亲退居二线让他全权管理。结果，遇上环保风暴，纸张价格飙升，本来已是微利的企业没有熬过这几个月，工厂现已结业。所以，不是所有传承者都拿着一手好牌。

身边实例太多，不逐一细数。

与其聚焦在这些"显形资产"的传承，是否更应该关注那些"隐形资产"的传承呢？因为那是根深蒂固在骨子里的东西，那是每一个人都可以传承的东西。例如：父亲会画画，他的小朋友是否对艺术也感兴趣呢？妈妈是一位医生，她的小朋友是否也喜欢研究生物科学呢？爷爷是某传统工艺匠人，孙子是否对传统工艺有所认知呢？奶奶是温文有礼的家庭主妇，孙子是否待人处事也文质彬彬呢？

在传承这个课题上韩东老师采访收集了很多案例，这些案例有共性，也有不同的地方。世界因为有不一样的色彩，所以漂亮。社会因为有不一样的人，所以精彩。传承是每个人的义务，需要传承的东西太多，允我们关注的不仅仅是财富。

2017年6月　广东

家族企业应该传给谁

北京大学原民经院中国家族企业传承模式课题组组长 | 刘靖民
中国管理科学研究院学术委员会特约研究员

不久前，收到韩东先生的作序邀请。说心里话，还真不知道这个序怎么写。所以，就花了几天时间认真研读了他的文字。作为长辈，我倒是很佩服作者的专注研究精神，尤其是他从实地调研入手，踏踏实实地通过案例来解读传承中的诸多障碍，毕竟家业传承涉及到家族、企业和社会的方方面面，是一个系统性的工程，不是一蹴而就的事情。

文章读完了还是觉得无从下手。按照我个人的习惯，想不好的事不会动笔，所以，这一拖又是十几天。对于传承中的诸项难题，传承模式还是我最为关心的，结合韩东先生所采集的案例，借序言的一角，我谈下个人的看法。

子承父业。这是国内家族企业的首选，符合东方社会的传统文化和习惯。用韩东先生的话说："绝大多数一代人始终是无法割舍自己亲手缔造的事业，尽管他们心里很清楚放手是迟早的事情。这其中承载了创始人太多的东西，汗水、喜怒哀乐、事业、成就梦想，甚至是生命。对于他们而言，如果没有特殊原因，将自己的事业传递到子孙后代手里无疑是最佳的选择，这更是华人世界里的一贯做法"。本书的几个案例都是围绕着这一主题展开的。

主仆共承。随着家族企业的壮大和时代的发展，我们有理由相信越来越多的德才兼备的职业经理人将被赋予更多权力参与家族企业经营决策和管理。在相对传统和封闭的家族企业中，企业主通常很难让非家族成员接班总经理，更别说是董事长了，除非是孩子无意愿无能力。若美的集团第一代创始人离世，方洪波是否还能当董事长兼总裁，起码现在难以预测，这考验着美的股权持有人和职业经理人的智慧。

非亲传承。这是近三年我重点思考的传承问题，对于家族企业来说，也是难度最大的选项。如果孩子对接班无意愿或者没能力，那就千万不要赶着鸭子上架，本书《把家业交给职业经理》一文中的亚明的爸妈就很开明。在孩子意愿上，母亲开明地尊重了儿子的选择："那些年，他爸爸一直很纠结。亚明读大四时，他就迫切想知道儿子毕业后的打算，他希望儿子能够回来，但被我劝阻了。既然儿子对我们的工作没兴趣，就别为难他了，而且这也不是他的义务。"同时，没有能力接班的孩子若强行上岗，必"车毁人亡"。

总之，在少人研究的传承领域里，韩东先生用了几年的时间，通过对珠三角地区身边的企业家的调研，在总结传承问题普遍规律的同时，也留给企业家们很多思考，这本书倒是值得他们读一读。

写到这里，回头看了一下，似乎不像个序，无奈之下，只好如此了。

2017 年夏至

身边的传承故事

暨南大学管理学院副教授
广电运通、海格通信等上市公司独立董事 | 李进一

几年前,当韩东先生向我提起他准备着手研究关于家族企业传承的课题时,我暗暗为他捏了一把汗。倒不是怀疑他的学识和研究能力,而是惧于该课题的纵深性和复杂性,并且牵扯面极广,担心他一路上会走得很辛苦……直到前不久,当我收到他寄来的样书时,我着实被他的研究热情和执着所感染,更被他从实践出发潜心调研、开发身边企业家案例的精神所感动。因为我深知,若想打开封闭的家族之门,并且触及到他们内心深处最柔弱的部分,那是一件多么不容易的事情。

随着一篇篇案例的阅读,那些家族传承故事浮现在我的眼前,焦虑、困惑、期待等诸多情感在两代人的内心里交织着。对于那些经营良好且后继有人的企业主来说,只要有一线机会,相信谁都不会对将等同于己命的企业轻言放弃或易手他人;同样对于他们的子女来说亦是如此,不论他们将来是否参与其中,但家业兴盛始终是他们的内心期盼。在这场传与承的对话中,在充满不确定因素之中的碰撞和挑战何其多。

与西方国家的某些家族企业相比,我国大多数家族企业规模比较小、技术水平不高,目前还处在发展和成长当中。在全球化的经济浪潮中,家族企业不但要投身于市场竞争,同时还要面临转型、发展和代际传承的考验,如何帮助企业主的下一代成员从中体会到生命的意义并承担起家族使命呢?这不但考验

着每一个企业主的智慧、胆量和格局，更是一个时代的课题。在缺少有效历史经验借鉴之下，"富不过三代"在国内仍有很大的舆论市场。但我相信已经饱受改革和发展洗礼的家族企业主们一定会在家族企业传承研究者的帮助之下破解难题。

近些年来，出现了不少关于家族企业传承研究的论著和探讨，但我发现大多数倾向于学术化的理论研究和对国外理论的演绎，很少发现具有实操性且能帮助指导传承现场工作的内容，其中所涉及到的案例多是被频繁引用的公开性内容，很少发现我们身边有价值的、与时俱进的家族企业传承案例。欣慰的是，韩东先生没有选择老路，而是另辟蹊径，用了将近 3 年的调研时间，在珠三角地区挖掘、开发出一批具有一定影响力的传承案例，分门别类地呈现出来。

本书中的案例内容翔实，可读性很强；作者通过夹叙夹议的方式对每个案例进行了观点阐述，所以很值得家族企业中的两代人阅读，更重要的是，本书能够给他们带来围绕企业传承的实战经验和经营智慧。

最后，寄希望韩东先生能够继续努力前行，为中国家族企业的未来传承问题做出更多有意义的探索。

2017 年仲夏　广州

盛世传承　领航未来

深圳市家族办公室促进会会长　闵齐双

拿到这份书稿，细读之下，深深感受到韩东先生倾注中国家族企业传承问题的拳拳之心。通过与家族企业长期的交往和访谈，韩东先生以独特的视角，向我们展示了众多创一代和守二代们面对企业传承的不同悲喜、思考和困惑，使我们有幸聆听中国家族企业传承进程中两代"当事人"最真切的心声。

从世界范围来看，家族企业成功传承超过第三代的概率不到5%，中国家族企业能不能走出"富不过三代"的魔咒，将是今后10—20年摆在每个家族企业创始人案头的重大课题。相信通过本书众多真实故事的描述和思考，一定会对读者有所启迪，亦能为当下中国家族企业传承研究带来实操性的启发。

韩东先生作为深圳市家族办公室促进会的创始会员，能够创作出这样一本佳作，我们感到由衷的欣慰，祝愿他在家族传承领域有更多的研究发现，帮助国内家族企业成长。祝愿中国家族企业基业长青！让我们一起探索并领航这个伟大的时代，共筑盛世传承的中国梦！

2017年7月　深圳

序 言

新中国成立后不久,延续了几千年的私有制经济一夜之间突然被连根拔起,彻底消失了将近30年!直到改革开放开始,它们才得以恢复到本来的面貌,先是个体经济悄然复苏,然后再以企业形式出现。今天仍在一片质疑声中,头顶非公有制经济帽子之下疯长到中国经济的半壁江山。

三十年河东。转眼间,在经历高速发展后,中国经济冲到了今天的拐点,很多企业从创业变成了守业或转型;创始人在衰老的同时,他们的二代子女们正在茁壮成长。细算一下,任正非、柳传志、宗庆后、茅理翔、何享健等正步入古稀;刘永好兄弟们也已过花甲之年;以马云、马化腾等为代表的新兴经济体的中青年企业领袖的平均年龄也在50岁上下。以此推算,未来5—10年将是国内民营企业交接班的密集期。

尽管一代人擅长创业,但许多人在传承问题上却遇到了麻烦,其复杂性甚至超越了当年创业初期的艰难。尽管其中的有些智者已经在先知先觉中未雨绸缪,但是仍有相当一部分人感到困惑,因为时代变了,世界变了,格局变了,孩子们更变了……

在未来的传承设计上,国内的家族企业面临着太多的不确定因素和诸多挑战,如:现代企业的发展规律,企业和家族治理经验,子女的意愿和能力,等等。诚然,我国的家族企业经营时间普遍较短,而且没有太多的历史经验可供借鉴;同时,国内在这方面的相关研究工作起步较晚;受西方教育影响,父子两代人之间在经营理念和事业选择上存有较大的代沟裂痕。企业主如何解决下半场的传承问题，企业又该如何适应新时代发展的要求？这些都将考验企业主们的智慧和格局。在华人的世界里，把家业交给后代子女无疑是企业主们的首选，但这却不是一厢情愿的事情。虽然有人已经很好地解决了这个问题，如方太的茅忠群、新希望的刘畅，还有本书中的江先生，成为了二代中的优秀代表；但也有人失败了，如海鑫钢铁的李兆会、海翔药业的罗煜竑、本文中的小浩。成与败本身就是镜子的两面，需要我们花些时间认真思考。

进入 21 世纪后，国内掀起了家族传承的研究热潮，许多关于知名家族的传承故事相继被披露出来。我发现其实很多人并不关心两代人之间的传承故事，而那些发生在豪门的兄弟阋墙和内部争斗却广被热议，如新鸿基郭氏三兄弟争夺权益、何鸿燊家族子女争利、李兆会与车晓的闪婚闪离……家族的八卦新闻显然不是我的研究内容，唏嘘的同时旨在发现背后的成因，并以防微杜渐的方式帮助企业主们不要重蹈覆辙。

历时将近三年的时间，行遍珠江两岸，就家业传承话题我有幸采访到四十多家家族企业中的青年二代，其中有些还包括他们的父辈。

如过筛子一般，我反复翻看着采访记录，试图唤起当时的情景。最后从中挑选出 15 篇具有代表性的案例并整理成册，详细记录了二代青年各自的成长历程、对传承的理解和参与情况。他们当中除个别已经顺利完成接班外，有些因不愿意接班而选择创业，更多的则正处于接班前的准备当中。候选人的名单里有儿子、女儿或女婿，还有职业经理人。他们当中年龄最大的 45 岁，最小的才 20 岁出头，还没有走出校门；平均年龄 30.2 岁，85% 以上是男性。尽管有些人还很年轻，但却比同龄人表现得明显老成一些。访谈当中，三个很有意思的发现让我印象深刻。

其一，部分女性对家族事业的使命感表现得更为强烈一些，参与兴趣也高，本书中至少有三个以上这种案例。尽管她们深知自己的继承"排序"一定会在男人的后面，但是她们似乎更愿意为父母分担些事情，内心中对创业的冲动明显高于男性。这反映出男性在经济社会中占主导地位的情况有所"松动"，随着年轻人独立人格逐步养成的同时，女权意识正逐渐加强，我相信未来这种趋势会表现得愈发明显。

其二，对于自幼听话乖巧的孩子，他们长大成人后多会顺从父母的意志而加入家族企业，而那些独立性较强、高学历背景下的孩子则更多服从内心自我，更渴望通过创业来证明自己的价值。

其三，父母们的"口是心非"。尽管绝大多数父母均表示会尊重孩子们的任何选择，但骨子里却无一例外地希望孩子们早点回来接过他们手中的枪。

改革开放以来，我们对商人的习惯性认知来自于对他们冒险和实干精神的报道。但今天，他们的下一代却多表现得"默默无闻"，这的确是个有趣的现象。他们难道成长得不够优秀吗？其实，只要你多了解一些南粤文化，便不难理解这个问题。这些年轻人继承了他们父辈的秉性，多表现得低调务实，脚踏实地，务虚的东西比较少。这与北方人文化里的性格张扬、做事高调、动静较大的特点大相径庭。正是这种特质，在为广东"富二代"蒙上更多一层神秘面纱的同时，却使我的调研工作进行得举步维艰。他们不愿意被外人过多"打搅"，更不会轻易对"外人"敞开心扉，尤其是触及传承安排和资产这些敏感问题时，这也正是造就了"散落"在民间无数隐形富豪的另一原因。

对于这次调研，我并没有采用惯常的问卷式，因为担心这种方法可能导致所采集到的数据因受访者的随意性选择而失真，并不能代表他们的真实意图；而且个体之间差异性很大，很难设计出面面俱到的标准化问卷。最终，我选择了面对面访谈的方式。然而，这却让我陷入了烦躁不安和无奈之中，因为其现实困难程度远远超过我当初的想象！有的访谈对象直接拒绝，有的则在犹豫中拖沓至杳无音讯，少有人爽快答应，导致我在此期间曾经数度萌发过想要放弃的念头……

随着话题的深入，我逐渐发觉这些年轻人真实、友善和热情的一面，尽管个别人脸上仍写着年少轻狂；与此同时，他们的另一面则是彷徨、惆怅和无助，就像本书中的曾经飙过车的小郭、等待接班的阿军一样，后者让我心绪复杂。他们中的有些人，后来和我成了朋友，经常主动找我讨论他们在工作和生活中遇到的问题。在许多敏感问题上，我发现年轻人更希望倾听来自家庭外部的声音，而并非是他们的父母。尽管几乎所有的人强调并不刻意关心最后由谁来接班，但我能感觉到他们的血液里始终流淌着商业的基因，内心深处表达着强烈的家族使命感，只是有些人讲述得不够直白罢了。

当采访过半时，发现二代们的许多困惑问题开始聚焦。调研数据分析完成后，我将这些反映集中的问题归纳如下三点：

其一，父辈们的放权问题。超过七成以上的受访者对此抱怨最多；

其二，传承规划的缺失。几乎所有的受访者均表示并不了解父辈关于交班的具体规划；

其三，创业的诱惑。这直接影响到年轻人的选择意愿和将来的事业发展方向。

关于传承的研究，我相信现实中的挑战远不止这些。传承问题表面上看似是两代人权力的交接，其实质是两代人思想与情感的交融过程。不但包括企业的交接和新人的成长，还有企业的未来发展问题。事实上，传承至少是两代人共同的事情，不是单靠某一个点子、朋友帮忙"带一带"就能够实现的，而是一项艰巨持续的工程。

在深度访谈中，我始终保持中立；整理手稿时，我不时提醒自己，尽可能保持平常心，希望通过记录他们的成长心得，在总结传承中的各种经验的基础上探索未来可行之路。其中针对不同的采访对象和具体传承情形，本人做了适当的点评和分析。希望此书能为我们当下的家族企业传承研究带来某些实操性的启发。出于对受访者的尊重和保护，对文中的主人公均做了化名处理。

末了，借用一位企业家的惊人之语作为本序的结束语。"世界是我们的，也是儿子们的，可最终是那帮孙子们的……"

是为序。

目　录

父辈的旗帜……………………………………………………邓　地 / 001

传承是与生俱来的事…………………………………………梁　嘉 / 007

家族企业应该传给谁…………………………………………刘靖民 / 009

身边的传承故事………………………………………………李进一 / 011

盛世传承　领航未来…………………………………………闵齐双 / 013

序　言………………………………………………………………… / 015

飙车之后的觉醒……………………………………………………… / 001

关键词：父亲的助理　打工　迷惘　飙车　创业　弟弟

不忘家族文化的创业者……………………………………………… / 017

关键词：初中毕业　店小二　回归　创业　传承家文化

单亲家庭里的九零后………………………………………………… / 031

关键词：单亲家庭　母亲经营　资产规划　未来传承

父子创业……………………………………………………………… / 039

关键词：儿子的点子　父子创业　回归

渴望继承家业的女儿………………………………………………… / 047

关键词：能干的女儿　渴望接班　父亲的规划

女儿眼里的传承 / 055
关键词：能干的女儿　父亲的转变　培养　责任

女婿接班？ / 069
关键词：独女　父业　准女婿　规划

收购家业 / 077
关键词：炒股　收购父业　创业　做开心老板

无解的创业者 / 089
关键词：留学　创业　父母呵护　无解

把家业交给职业经理人 / 099
关键词：学霸儿子　家业　开明的父母　职业经理人

带着弟弟一起飞 / 109
关键词：接班人　培养弟弟　创业　无形资产的传承

等待中的阿军 / 117
关键词：公务员　回归　父子矛盾　逼宫　等待

肩负家业振兴的大男孩 / 127
关键词：次子接班　家业振兴　渴望创业

两代人的转型 / 137
关键词：儿子创业　父亲转型　儿子回归

另辟蹊径 / 147
关键词：病痛　改变　新事业　股东儿子

探寻家业传承的未来趋势 / 157

感谢语 / 171

飙车之后的觉醒

关键词：父亲的助理　打工　迷惘　飙车　创业　弟弟

采访人物：小郭（创始人的长子　现为某家具公司总经理）

郭 父

这是我最早采访过的父子两代人，所以印象深刻。

在访问小郭之前，我特意翻出了当年对其父亲做的采访笔记，重温下当时的情形。

2014年的仲夏，当时我正在做采访一代企业家的调研工作，郭父是其中之一。他是珠三角地区响当当的家具界知名元老级人物，名气很大。20世纪60年代的大学生，曾经的国企干部，90年代初下海创业。

我当时与郭父言谈甚欢，在他的办公室整整坐了一个下午，仍是意犹未尽。郭父虽略显疲态，但仍是耐心地回答我的所有问题，围绕着企业未来发展和家业传承，他谈了很多。现在一家三口在自家工厂里上班，他虽还在工作，但基本上已处于半退休状态；老伴负责财务；小儿子负责网销；大儿子独立创业。小郭是他的长子，我今天即将采访的对象。郭父很坦诚，他说这家企业已经营了20多年，积累了不少坏毛病，现在的任务是把它整顿治理好。的确，父母们都想把一个健康的企业交到孩子手上。

我对老先生的整体印象是：和善、敬业、强势。毕竟是上一代的文化人，始终一副平易近人的样子。采访中，时不时有人请示汇报工作，他总是一板一眼地处理妥当。当我问及对子女培养的问题时，老先生则是一脸的严肃，一副标准的家长做派。

他是这样评价小郭的：让他在外面先混着吧，迟早得回来，多摔些跟头不是坏事。接下来当看到小郭提到父亲表露出的那副又恨又爱的表情时，可以想象到他们父子之间的关系……

"感谢你的采访。对于你所提问题，我说得不一定正确，但都是实话。"尽管郭老临别前的这句话已经过去了三年多，但现在回想起来，我心中仍是充满感恩和感慨。

初见小郭

小郭高高的个子，一袭休闲便装，清瘦的脸庞上流露出书生气，写满着疲惫。若不是已经知道了他的实际年龄，他看上去倒像个刚走上社会不久的大学生。

"不好意思，昨天加班到很晚，刚才实在困得不行了，在沙发上打了个盹。"小郭一边解释，一边开始烧水沏茶。

"郭总，您很年轻呀。"

"呵呵，不年轻了，快40岁了。"他轻叹一声，似乎有些惆怅。

在接下来的采访中，尽管他很健谈，但总使我感觉他笼罩在一种难以言表的压抑中。只有谈到他的创业项目时，小郭的情绪才一下子轻松起来，语气随之变得温暖，有很多的话要说，似乎这个项目承载了他太多的东西。

小郭现在经营着"自己"的公司，两年前成立的。主打产品是智能一体化家具，主要服务于大城市里小户型的、追求时尚的年轻家庭。办公场所是老爸厂区的一角，项目是老爸提议的，启动资金也是他投的，小郭负责管理运营。边设计产品边接单，生产基地就是老爸现有工厂的生产线。

第一年，公司的经营业绩惨不忍睹，不但出现了严重的亏损，而且把老爸给的钱也"烧"完了。见此情形，郭父明确告诉儿子从此不再投入了，让他自己想办法，公司随之断粮。

小郭回忆起当时的情形，无限感慨地说："那会儿实在是糟透了，眼看着公司快要经营不下去了，但又舍不得遣散曾在一起打拼过的员工，于是就借钱给他们发工资。我知道这样撑不了多久，只是不甘心！"

总经理助理

12年前，小郭完成学业回国，所学的专业是金融和计算机技术，在当时算是热门学科，这是老爸为他选的。

回国后没过几天，他就到老爸的厂里上班了，"总经理助理"是他的头衔。我心头一紧，因为"助理"一词在我的调研中已经多次出现了，属于高频词汇。我发现很多父辈们特别喜欢把这顶帽子戴在那些迈进企业大门的孩子们头上，但却少有人喜欢。诚然，他们的出发点很明确，就是想把孩子放在自己身边培养，像李嘉诚那样手把手地教他们，似乎只有这样才能让年轻人成长得更快一些。初衷虽然好，但多数情况下结果却事与愿违。这对初入企业的孩子们来说不一定是最佳选择，因为这顶帽子有时很大，有时又很小，帽子下面的孩子有时会变得无所适从，所以我建议倒不如放手让孩子们从具体的事务做起。

"我被这个助理职务害惨了！"小郭情绪稍有些激动，"我在这个位子上做了两年，人基本上废了。"

"有这么严重？"尽管我有心理准备，但还是超出了预期。

"没有具体工作，实际上我更像个打杂的。老爸的办公室就在隔壁，天天在他眼皮底下做事，工作起来很别扭。今天让我做这个，明天又干那个，一段时间下来，我都不知道自己究竟做了些什么！还不如个办公室文员呢。老爸总把我当个孩子看，什么事都要管一管，问一问，时不时挨骂。没事的时候，老爸就把我赶到车间里学习。"

"那你应该找他谈谈，告诉你的想法。"我建议道。

"没用的，老爸就是那个脾气，他觉得已经给你铺好了路，就得沿着走下去。找过他几次，他总是说先这么干着，以后再说。"

"他这也是在培养你呀。"我觉得现在有些二代们心气高，遇到水土不服后就会抱怨。

"是呀，我能有什么办法？只能去适应了！在厂里，但凡我做点像样的事情，员工们都认为那是我老爸的主意，和我一点关系都没有；做对了还好，只要老爸觉得不满意，他就数落我一通。遇到有人来找他时，对方知道我的身份后，没人愿意和我多谈，非要等他回来。哎，说白了，我就是个'传话'的人。后来，我实在待不下去了，自己想要离开。"

"老爸同意吗？"

"我没敢和老爸提，找妈妈说过几次。后来，他也看出来我没心思待在厂里，就同意了。"

试想，当初父子俩能坐下来推心置腹地长谈几次，或许是另外一个结局，可惜现在这只能是个假设了。儿子回来之前，如果老爸能听听他的想法，或许不会做出上述的安排，哪怕让他去做些类似于销售员之类的具体工作呢，或许培养效果会更好一些；如果当时年轻的小郭能多一点耐心，多一些沉稳……总之，小郭在国外的日子太久了，反而父子两人"重逢"后变得"陌生"起来。

老爸不知道儿子的内心所想，儿子领悟不到老爸的用心良苦。或许本是一锅温火慢慢煨熟的靓汤，到头来却成了夹生饭。

传承规划

"当年做这样的安排，老爸是为了让你将来接班吧？"我试探着问。

"应该是吧，他就是想把我留在身边。"小郭坦言道，"当时我意识不到，只是觉得读了这么多年的书，回来以后，总要为父母做些什么。毕竟他们都是快60岁的人了，弟弟还小，在读初中，他也只有先培养我了。我了解老爸的性格，他是不会把企业交给外人的，顶多就是给那些老员工们分些股份。"

"他有没有提到过将来的接班安排？"我继续问着。

"嗯……提过，但没明说。只是说现在年龄大了，以后工厂就要靠我和弟弟之类的话了，我也没太在意。"

"他对你有没有明确的培养计划？"

"没有。我不知道老爸有哪些具体想法，他从来没有明确告诉过我，我也没问过他。老爸只是先让我在厂里干几年再说。"

当孩子完成学业回到企业后，父辈们应该把企业的发展史和蓝图告诉他们，并让孩子们知道将要肩负的使命。在与家族企业接触中，我发现少有人这么做，多半像郭父那样。含蓄性和不公开性是中国传统家庭文化特色之一，父母有些话不能一下子说得太"透"，更不适合在公开场合上讲，更多的要靠"悟"和"猜"去领会。但时代不同了，父母们不能再用老眼光看下一代了，更不能一厢情愿地用家长作风来教育和培养他们，更多时候则要放低姿态来与其交流，倾听他们的工作兴趣和发展方向。相比于普通家庭子弟而言，富家二代子弟的事业起点要高，而且所肩负的担子更重。往小处说，他们要责无旁贷地扛起家业大旗；往大处说，则是推动未来社会进步的重要力量。

如果孩子们愿意接班，父辈们就应清晰地告诉他们学习如何成为企业的未来领袖并接受相应的锻炼。刚走上社会的孩子们是无力制订接班计划的，顶多是设计自我成长计划，这就要靠老一代人的先知先觉和智慧经验。在结合孩子们的实际情况有针对性地制订出培养计划的同时，更要列出时间表。时间表并非是铁板一块，它要结合孩子们的成长情况和企业的发展变化才能进行调整。郭父经营企业的能力虽不容置疑，但在孩子培养方面，我认为少了些计划性和明确性。既然已经把小郭立为了"太子"，就应该围绕着他尽早制订接班计划和成长目标，而不是让他摸着石头过河。在如何培养孩子问题上，我发现很多父母容易走向南北两极。北极是对于那些自负的父母来说，认为自己完全有能力培养孩子成才，孩子们无需想三想四，只要跟着指挥棒转就行了；而有些父母则认为把孩子们送到外人那里培养，成长得才会更快一些，于是多采用请朋友们"带一带"或"跟着干几年"的方式，这是南极。

外出打工

离开老爸的工厂后，小郭凭借自己的专业能力，很快就在一家证券公司找到了工作。没有了束缚，自然就感觉到了自由。他毕竟是个上进的年轻人，全心扑在工作上，希望能够早点做出成绩。辛勤的努力很快就有了回报，他在为客户赢得丰厚收益的同时，也获得了上司的赏识，很快获得提拔。那段在父亲厂里不愉快的时光，他很快就忘却了……就这样，时间一晃过去了三年！

"那几年，我都觉得自己进步得很快，日子过得也开心。我有自己的生活和朋友圈；与同事和客户之间，关系相处得很融洽；还有自己的时间。我还找到了心仪的女友并结了婚。"回忆起那段时光，小郭脸上写满了留恋。若是不凑巧赶上老爸正筹备企业上市这等大事，或许他平静的日子不会被打破，但他对此并没有怨言。

对父母而言，最大的欣慰就是：每当家族召唤的时候，孩子们都能够义无反顾地回到家族阵线中来。这正应了"打虎亲兄弟，上阵父子兵"。在调研中我发现，对于这个情况，答案竟出奇的一致。

在外三年多的时间里，小郭极少问及老爸工厂的经营状况。即使是一家人团聚时，父亲似乎也在刻意不愿意多说。总之，父子两人就像两条平行的直线，延伸而没有交集……

回　归

儿子再一次回来了。

小郭这次的身份是上市筹备成员兼未来的董秘。他的具体工作就是与其他小组成员共同推进上市前的筹备工作。

毕竟在外闯荡了几年，小郭明显成熟了许多。回来后，老爸出人意料地赋予他很大的工作权力，这反倒让他有些不适应。专业金融知识让小郭在工作上得心应手，各项筹备进展顺利，已在"排队"中。然而，人算不如天算，就在只差"临门一脚"时，因突发事件迫使企业暂时搁置了上市计划，这意味着工作组将"无疾而终"，自己的工作随之也就结束了。这让刚走上正轨的小郭一下子坠入谷底，无所适从。下一步该怎样走？小郭左右为难。留下来，还是另谋他路？

"这就好像命运和我开了次玩笑一样，一夜之间我又回到了从前。"小郭苦笑着，一脸的无奈。

"上市功亏一篑后，全家人都很沮丧，老爸所受到的打击最大，根本顾不上我，我也不忍心去烦他。如果继续待下去，我不知道自己应该干些什么。原来的证券公司是回不去了，选择创业吧，一时半会儿也找不到想要做的项目；找工作吧，面子上过不去倒是小事，问题是外面不一定有适合我的工作，更不知道老爸接下来的工作安排。反正当时的感觉就像遭遇中途停电的电梯，上下不能。不久，老爸让我重新当他的助理。"

"官复原职"后，小郭变得"乖巧"了许多，也学着像其他员工那样向老板兼老爸早请示、晚汇报，一来二去之下，父子俩之间的交流似乎多了起来。但是，这样的日子一久，小郭越发没有成就感，事事都以老爸为核心，自己一丁点儿的存在感都没有。时间就这样日复一日在无所事事中冲刷着，小郭一下子失去了人生方向……

飙　车

2009年5月，杭州"飙车案"发生后，一夜之间，飙车就被牢牢地钉在"富二代"身上。经过网络媒体将此事件逐层放大后，社会舆论便开始声讨这个群体，尤其电影《老炮儿》里更是把官二代、富二代演绎成飙车、泡妞的专业户，成为大众仇视和鄙夷的八旗子弟。电影作品终归是艺术，但我认为"打击面"着实宽泛了许多，无意之下，那些许多勤奋好学且事业有成的二代们躺着也就中了枪。难道似乎只有在风驰电掣的飙车中才能彰显个性、标新立异吗？才能表现自我、实现高尚生活品位吗？我着实不解。然而，小郭很快就成为了其中的一员。

用小郭的话来说，他之所以选择玩车，完全是因为生活空虚乏味所致，只是为了寻求自我释放。我始终认为解压的方式有很多，完全没有必要选择这种高风险的游戏，毕竟令谷半夜飙车送命的事才过去几天呀。

"都是些什么人玩车？"我好奇地打听着。

"其实玩车的人并不多，他们不是富二代就是官二代了。我们没有固定的组织，只是有个微信群。如果有人手痒了，就在群里吆喝一声，多是在下半夜开工。时间久了，我和他们慢慢就混熟了，年龄都差不多。"小郭轻描淡写地说。

深更半夜，震耳欲聋的引擎声，嘈杂的喧闹声……电影里那熟悉的飙车场景一下子呈现在眼前。飙车运动自然少不了高投入，这可不是寻常百姓家所能承受起的。

"我们在一起的话题不是聊车就是玩儿，没几个聊工作的。知道其中有几个和我的情况差不多，老爸想交班，但又不肯放手。反正待在家里也没意思，所以就在一起玩了。那段时间，我根本没心思工作。反正厂里有我没我都一样，想来就来，想走就走，也没人管。"

"老爸不管你吗？"多数父母应该不会坐视不管的。

"他并不知道，妈妈为此没少骂我。我在厂里做得不开心，还能怎样？"

醒 悟

就这样小郭在浑浑噩噩中度过了两年。不但工作上毫无建树，而且整个人也颓废下来。用他的话来说：在员工们眼里，我就是个浪荡公子。不但整日无所事事，而且在工作上更是少有员工和他来往，他越发孤单起来。

"这种日子是怎样结束的？"我很想知道小郭后来的改变。

"时间久了自己也觉得没意思了，甚至有些后怕，感觉再这样下去自己会荒废。当老婆生下第一个儿子时，我才惊醒过来。那时我正在医院里，看到儿子出生的那一刻起就意识到这种生活该结束了，否则对不起家人。我的第一反应就是退出微信群，彻底远离过去的生活。不久，我主动找老爸长谈了很久，告诉他我想自己做点事情。没想到他很支持，同时建议我优先考虑智能家具产品，由他来出钱。"

创 业

正如开篇所文，公司开张的第一年就出现了严重亏损！老爸见此情形，很是失望，表示不会再继续投钱了，要他自己找出路。

"那时真是痛苦死了！我知道自己有经营失误的地方，主要是经验不足和过度投入，但智能家具毕竟是个新事物，目前还没有哪家企业做得很成功，学费总是要交的吧。其实公司已经搭好了架子，如果没有资金进来，真的就要关门了。那是我最累的一年，有时忙到很晚就直接睡在办公室里，根本没时间回家。尽管没赚到钱，但我坚信这个项目的前途。智能家具是未来家庭生活的趋势，现在像什么智能家电、厨房设备都早已经走入家庭了，智能家具只是迟早的事情，而且当时我们已经积累了一大批潜在客户。尽管订单不多，但毕竟是个很好的开始，我相信会有越来越多的客户能够接受。但是没有了资金，就无法继续下去。我找了老爸很多次，但他的态度很坚决，不会再投入了，让我自己想办法融资。"

"你筹到了吗？"很显然，小郭后来是"搞"到了钱，否则我今天也就没有机会坐在他的办公室里了。

"现在找人借钱很难，更何况是一大笔钱。我只能动用老爸朋友的关系了。"小郭有些无奈。

"我花了半个月的时间起草了一份项目发展计划书，背着老爸私下找了他在深圳的朋友邓叔，他也是做企业的。邓叔对这个项目很感兴趣，只是让我等他的消息。"

"那后来呢？"我突然觉得这里面似乎有"故事"。

"邓叔后来说可以投资，只是分期投，但他要占 51% 的股份。开始时我不同意，因为这意味着我将失去对公司的控制。但老爸又不给钱，如果不答应邓叔的话，我又没有其他的筹资机会。没办法，我只有同意。"小郭痛苦地说。

完成公司法人变更后不久，邓叔如约汇来了第一笔资金，这实际上就是小郭的救命钱！正是有了这笔钱，公司重新启动起来。只是小郭的压力更大了，因为现在面对的不单只是自己的事业梦想，还有妻儿老小，更要给老爸、邓叔、兄弟们一个"交代"。自己已过而立之年，已经经不起失败了。

"现在生意怎样？"我非常关心小郭现在的事业。

"比去年好多了，这几年虽然生意不好做，但在智能产品领域竞争不大。快年底了，我初步估算了下，今年可能还要亏一点，但总体上比去年好多了。现在我们已经完成了主力产品的定型，还申请了几十项的专利，客户也积累了不少，明年总该能赚到钱了。"小郭信心满满，消瘦的脸上挂满了兴奋。

对于小郭顺利地"搞"到钱，潜意识告诉我可能不像他说得那么简单。与其说是智能家具未来的发展前景打动了邓叔，倒不如说是老爸和邓叔之间似乎达成某种默契，而且非常巧妙地进行了股权设计。如果猜测正确的话，这也就是说在小郭的事业里仍可以嗅到父亲的气息，身为父亲，总不能见死不救吧？尽管家境殷实，足以让儿女们衣食无忧，但为了培养儿子成才，为他们花点"小钱"总是值得的！我在研究中发现：孩子在事业道路上很难摆脱父亲的身影，无论是自然回归，还是选择创业。总之，在通往梦想的道路上，父亲是他们最坚实、最足以信赖的力量！方太集团茅理翔老先生的"带三年、帮三年、看三年"的实践经验对此做了最好的诠释！但如何实现父亲对儿女们的精准帮扶，则又是一门学问了！

弟　弟

不经意间就聊到他的弟弟。弟弟的经历和他差不多，也是在国外读完书后就直接进了父亲的工厂。但从性格上看，真是应了"龙生九子，各有不同"那句话。老大多是表现得沉稳，而弟弟则应该更叛逆一些，然而小郭兄弟俩却正好颠倒。弟弟性格内向、稳重，是父母眼中的乖乖仔。

与哥哥不同的是，弟弟一天的助理工作都没干过，上班后即被父亲指派筹建电商业务部，他的工作就是把厂里的产品通过互联网平台销售出去，作为传统销售渠道的补充。然而，谁都没料到的是，两年不到的时间，少言寡语且并不被看好的弟弟居然把营业额做到了上亿！占据当年企业营业额的三分之一，电商渠道一下子成为工厂最闪亮的增长点。老爸欣喜之余，不但重奖了弟弟的团队，而且还加大了对其部门的硬件设备和人力投入，甚至还围绕着网上热卖产品相应地调整了生产线。如此一来，就难免挤占了小郭公司的产品生产和交货时间。东方不亮西方亮，在此消彼长之下，让小郭倍感压力，所要做的就是尽快交出漂亮的成绩单，在父母面前重拾颜面。

哥俩都是附着在老爸的原有产业下"搵食"（广东话：谋生），共享生产资源。产品上的差异化虽没有构成市场上的直接竞争，但在生产计划安排上却经常"撞车"，作为自动化程度较高的生产线，车间当然更愿意生产弟弟所接来的大批量的标准化产品订单，而不愿去面对哥哥的品种多、数量小的定制化智能产品；兄弟俩的办公室虽相距不远，但很少碰面；下班后又回到各自的家里，兄弟二人的交集并不多，这从小郭的言谈中可见一斑。

我观察到，哥哥似乎不愿意多谈弟弟。或许弟弟的意外成功给他带来不少的压力。作为兄长，本应在工作上给弟弟做出表率，但反而被超越，这应该很没面子。不得不承认的是，弟弟成长得很快，也很顺利，正成为哥哥最强劲的

"竞争对手"，而且老爸对他似乎更偏爱一些……

弟弟在工作上的意外成功，使得父亲对未来传承安排增添了许多变数，兄弟之间的关系开始变得微妙起来。

小郭的公司因为已被邓叔控股，所以财务报表都要与"外人"的公司合并完成。表面上看，他已经与家族的事业渐行渐远，况且智能家具的发展前景仍需要时间的检验和消费者的持续认同。如果短时间内不能做到行业领先地位，则很容易被其他加入者超越。小儿子留在父亲身边，表现得少年老成，在他的带领下，电商业务的快速增长给企业带来了新的生机。在两份截然不同的成绩单面前，郭父会有怎样的想法呢？

感悟与总结

关于在多子女之间选择接班人的问题

在多子女家庭中，如果兄弟姐妹都有接班意愿和能力，这真是父母们幸福的烦恼！但烦恼必须尽早解决，否则将来可能成为祸患。他们应该如何面对呢？

我认为首要前提是父母应该明确接班模式。选择单一性继承，还是子女联合继承？通常大多数家庭会选择前者，后者情况也有，但比较少。

首先，我不赞成子女之间的过度竞争。因为竞争将难以避免地带来伤害，不但伤及手足之谊，而且还会让父母陷入难以取舍的困境；其次，反对父母有意疏远个别不喜欢的子女，如此不但有失公允，而且还会伤及子女。父母应围绕着接班人标准设计出公平、公正和透明的游戏规则，让子女在平等的条件下自由发挥，但是时间不能拖延得太久，否则有的子女们会失去耐心而选择离开；再次，如果每个孩子能力都很强，又都想留在家族事业中，父母又该如何面对呢？不妨考虑把现有家族事业适当地拆分为若干单元，让每个子女各管一摊，各司其职，甚至是交叉持股，形成相互补充的局面。总之，不能让孩子们等待得太久……

关于财产分割问题

我对调研中关于"分配问题"是很有顾虑的，担心受访者会因敏感而选择泛泛而谈或干脆回避。然而，让我欣慰的是，几乎全部年轻受访者在坦然面对这一问题的同时，还很认真地做了各自的回答，小郭也不例外。可见，现在的年轻人在利益归属面前，表现得更加务实，已经不再回避忌讳，甚至谦让，而是真实表达自我诉求。

"我是了解父母的。相信他们在两个儿子之间一定会一碗水端平，一分为二的。"小郭坚定地回答。对于这样的结果，我在此后的调研中也获得了同样的答案。尽管这只是孩子们自己的主观判断，并非是父母的最后裁定，但这足见孩子们对父母的了解和信任。对于多子女的父母而言，何况不是更如此呢？辛劳一生的背后不就是想创造更多的财富（物质和精神上的）留给他们吗？尽管他们各自的能力不一，但丝毫不会影响父母们的初衷。

众所周知，李嘉诚培养年幼的儿子旁听董事会的故事至今被人津津乐道，众相仿效。2012年，李氏家族资产"分家"计划终于在万众瞩目中水落石出。长子接管继承李家实业部分，次子则获得巨额现金且独立创业。该分家案例同样被誉为家族企业的典范，从中我们不难发现：为了避免今后兄弟二人之间因财产问题发生冲突，李嘉诚先是清晰地将兄弟俩的权益分离；然后根据他们不同的性格和商业作风对李家产业做出合理安排：长子适合守业，而次子则更适合创业。用李嘉诚的话来说：老爸为他们想得这么周细，他们将来一定有的兄弟做！

小郭似乎是我所经历的采访中成长较为"曲折"的二代青年之一。他的成长轨迹是：先是回归，后失意离开选择外出打工；然后再次回归，再次离开并最后选择"创业",时间在不知不觉中过去了将近十年!在接下来的采访中,我发现其中相当多的青年子弟也有类似这种经历!小郭并不孤独。可见,这似乎也是一条正常的成长之路。

未来接班人的选择

次子的横空出世,令人欣喜,也着实为父母平添了许多烦恼,偌大的家业迟早要交到其中一人手上。至于究竟选择谁,我想郭父一时半会儿也不会明确表态,而是把决定权留给时间来作答,同时吸取了大儿子的成长经验和教训,我相信两个孩子的主观意愿也是重要的考虑因素。

尾 声

在结束采访返回的路上,小郭的那句"我心里很苦"的话,让我感慨良多,这种苦也只有那些还在路上的年轻人才能体会到。我始终认为,只有他们在苦中作乐,才能先苦后甜,只是苦不要太多就好了……

不忘家族文化的创业者

关键词：初中毕业　　店小二　　回归　　创业　　传承家文化

采访人物：小邵（现次子　家业第三代　某酒庄公司总经理）

家　业

小邵个子不高，皮肤略黑，很健壮，鼻梁上驾着一副斯文的眼镜。他今年32岁，经营酒品生意五年多了，父亲在黔东南老家经营着当地最大的酒厂。

"生意怎样？"我关切地问道。

因为这两年，中高端的白酒市场在中央八项规定出台后"受伤"，行情大不如以前；同时随着百姓越来越追求健康的生活理念，白酒在餐桌上出现的频率也是逐年下降，似乎不再受宠。

"还行，现在定制的产品比较多，占到了生意额的六成以上。做这块市场的人不多，竞争也不大。"他介绍说自己目前除了通过线上线下销售自家的酒之外，还根据不同客户的需求进行专门定制，主要是为那些特殊需求的人群提供个性化的服务。

"你祖上是开酒厂的？"我很想知道他的事业的发源地。因为我在研究中发现，大多数成功创业的富家二代在事业方向选择上都与家族生意有着千丝万缕的瓜葛。

"我们家是从爷爷那辈起就开始做酒了,然后是我爸,去年他退休后,我哥哥就接管了,现在是我们县里最大的酒厂了。"小邵简单地介绍了家业的发展史。

读书之困

"小的时候,老家就已经有很多人在做酒了,现在也是。我几乎就是闻着酒糟味道长大的,已经麻木了,总想着有朝一日能走出去,做点自己感兴趣的事情,不想待在家里面。所以初中毕业后就跟着同学来东莞打工了,尽管那时家里生活条件在当地已经很好了。结果没想到,自己后来还是做了酒,也许这就是我的命吧,呵呵……"小邵有些感慨。

"以后就没读书了?"我有些惊讶。在我接触到的二代青年中,几乎都受过良好的教育,甚至其中超过一半以上有留学经历。在硕士随手一划拉一大把的当下,小邵的学历实在是让我感到意外。

小邵表情有些尴尬。短暂的沉默后,燃上一支烟,不无遗憾地说:"读书少是我现在最大的痛点。现在时代发展太快了,很多人都是在用知识赚钱,没有文化是走不了多远的,光有灵活的头是远远不够用的。小时候太贪玩了,没心思读书;爸爸和哥哥忙着酒厂里的事情,很少过问我学习的事,读完初中后就没再读了。"

究竟是"读万卷书,不如行万里路"还是"知识改变命运"?我认为该项选择要放在不同的时代环境里来作答。毕竟年代不同了,改革之初靠着倒腾几条牛仔裤、几块电子表就能致富的日子早已经一去不复返了;当年洗脚上田的企业家们也正在逐渐老去。在知识经济时代里,容不得你有任何的怀疑,因为马云、马化腾已经给出了答案。

"正是因为读书少让我走了很多的辛苦路。很多机会看不懂，更把握不了。现在人与人打交道都是讲究层次和圈子的，我也很想认识那些有文化、有思想的人，但有时候我很自卑，哎……"小邵一声叹息，有些纠结。

"你现在事业发展得也不错呀。"我安慰道。

在袅袅升起的烟雾中，小邵娓娓道出了他的故事。

流水线工人 夜市小贩 店小二

初来东莞时，尽管母亲塞给了小邵足够的盘缠，但他毕竟未经历过稼穑艰难，更何况只是个初中毕业的半大小伙，如何与那些怀揣着本科文凭的大学生们竞争？轻松的"白领"工作对他来说几乎是不可能完成的任务！屡屡碰壁之后，他心灰意冷，就开始流连浪迹于网吧里打发时间。很快，家里带来的钱就花得差不多了，工作还是没有着落，好强的他又不想回家。为了填饱肚子，他只能走进了一家手袋厂，成为了一名流水线工人。他回忆说，尽管当时有心理准备，但现实还是难以接受。即使这样，他也没敢和家里人说。打工生活是辛苦的，每天的工作就是千篇一律地在简单枯燥中重复工作。刚开始时，他很不适应，只能咬牙坚持着。因为学历低，年龄又小，在工厂里几乎看不到成长的机会。他不想过这样的生活，但苦于没有一技之长。后来，他就利用休息时间去培训班里学习电脑。从宿舍到培训学校要经过一条夜市步行街，他总能看到一些小商贩摆着地摊卖些小玩意，在他们的吆喝叫卖声中，终于有一天，小邵突然萌生了练摊做生意的念头。

"我在小学时就做过生意呀！"小邵骄傲地说，"我有个亲戚是开文具店的，每到开学的时候我就从他那里拿回一些铅笔、书皮之类的小东西卖给同学，一个书皮可以赚到5分钱，我卖了几年呢，我可是班里的富翁哩！"

完成电脑培训后，他就找到附近的批发市场，低价买回一些库存的毛绒玩具，不加班时就在夜市上摆摊叫卖。玩具虽然不起眼，但一晚下来也能挣到百来块钱，半年以后他就有了小小的积蓄。

"那段时间虽然辛苦，但很快乐，靠自己的汗水赚到了人生中第一桶的金子，虽然少得可怜，但我很满足。"小邵一脸幸福。

机会总是留给有准备的人。随着进货次数的增多，他逐渐和一个批发市场里的小老板熟悉起来。小老板看中他吃苦肯干，人又踏实，便把他招进店里做帮手。从此，小邵告别了流水线生活，也不再摆摊了。靠着勤快和机灵，他很快就赢得了老板的信任，工资加得也快。后来，店老板由于生意做大了，就去其他镇区开分店，把这家老店交给了小邵来打理。

"我当时既激动又紧张，做梦都没想到有这种好事落到我头上，我没经验，担心经营不好对不起老板。"小邵兴奋地说。

"可能是我的运气好！开始时还担心撑不起来店里的生意，谁知道那年生意出奇地好。春节放假前，老板给我结完工资后，还另多给了我2万块钱！那还是我第一次自己赚到那么多钱呢。我高兴得一夜没睡，打电话告诉了妈妈，她也很高兴，希望我早点回家。"

相比于那些刚回来动辄就成为公司高管的同龄二代来说，小邵的店小二经历简直就是"下里巴人"，根本就不入流。如果当年他能多读些书，或许根本不会经历这样的底层生活了。祸兮福所倚，福兮祸所伏，凡事都有两面性；更何况不经历风雨，怎么见彩虹呢？

当时的他根本就没想过要回家！自己的"事业"刚开始，还想着大干一场呢，尽管那只是一间普普通通的档口，但他已经找到了成就感。后来，妈妈打过很多次电话，说爸爸身体不好，酒厂里的事情又多，希望他早点回来。再后来，小邵依依不舍地离开了他的"事业"，背着行囊回家了。

崭露头角

回家后发现，离家在外的这几年间，家里的酒厂的规模扩大了许多，但生意却很冷清，父亲一天比一天苍老。周边地区大大小小的酒厂太多了，无序竞争，相互压价；同时最近几年专供酿酒用的高粱、玉米等农产品的价格越来越高，一下子吃掉了酒厂的一大块利润。

哥哥老实本分，还有些木讷，高中毕业后就回到厂里，现在负责生产，父亲基本上处于半退休状态。

很快，他顺其自然地回到厂里上班了。因为根本不懂酒的生产技术，小邵只能选择去销售部工作，成为了一个卖酒的业务员。

"那时的酒真是难卖呀！"小邵回忆起当时的情形，有些动容。"市场上酒的种类实在是太多了，高档酒还好说，就那么几个，而且消费者也只认它们！中低档酒就别提了，应有尽有，老百姓的选择面太广了；再加上红酒和保健酒的双重挤压，酒厂的日子可真不好过。厂里的白酒新品种不多，在销售上还是原来的那条老路，依靠各地的经销商开拓市场，有分量的大客户不多。我觉得这样下去不行，必须另外找条新路出来。"

"你的想法是？"我不太相信入行不久的他有什么高招。

"先开网店，把产品挂上去卖。反正投入不多，成本也不高，能卖多一瓶是一瓶，而且还能当作活广告用。后来，我找父亲谈了几次，建议他不一定非得要自产自销，可以考虑做些贴牌酒；同时把那部分库存就通过折扣奖励和赊销的方式鼓励批发商提高销售业绩，等等。"

起初除了同意开网店外，其他意见被父亲否定。后来经不起小儿子的一再坚持和厂里的经营压力，父亲同意小邵先试一试。结果，半年之后，效果不错，库存不但清掉了大半，占压的资金随之被盘活，还提高了市场知名度。小邵初战告捷！从此父亲对他刮目相看，越发器重。

分　家

半年后的一天，父亲突然召集全家人开会，包括一些近亲属。首先宣布自己正式退休的同时把酒厂交给了两个儿子；长子负责管理技术和生产，儿媳负责行政和财务；小邵则负责厂里的销售工作，重大事项兄弟俩商议后决定。同时，酒厂的全部资产估价后进行分配，老夫妻俩占两成，其余八成一分为二，兄弟二人各占四成。

"事前父亲和你们商量过吗？"我试探着问，因为这么大的事情，兄弟二人不会没有心理预期的。

"父亲提起过，妈妈不管这事，只是没想到他这么快就决定下来；我没什么意见，不知道哥哥是怎么想的。"小邵平静地说。

冲　突

前文所说小邵的哥哥性格内向，不善于言谈，管理工厂生产多年。作为互补，大嫂则性格泼辣，做事雷厉风行，敢说敢做。她接手财务工作后，"宽进严出"，每一分钱都抠得很细。小邵所负责的销售工作，几乎与生产和财务每天都有交集。凡是做过销售的人都明白，中国毕竟是个"人情社会"，无论是亲朋好友之间，还是业务交往中，自然避免不了人情世故和迎来送往，各式应酬是少不了的。小邵虽然很节省，该花和不该花之间分寸把握有度，但总也有省不掉的时候。对此，在费用开支方面，大嫂颇有微词，几次有意无意中提示他；还向小邵的哥哥抱怨过，但哥哥并没有责怪他；后来，大嫂到父亲那里

"告状"，爸爸同样没多说什么，只是提醒他今后花钱尽量节省些。

"当时我真是想不开，毕竟是为了工作，为了这个厂，我又没有多拿多占。销售工作中的应酬是少不了的，这也是没办法的事情。我粗略算了一下，各项费用基本上都在控制范围之内，并没有超支呀！毕竟我还是厂里的股东呀。"小邵很是不爽，忿忿不平。年轻气盛的他正处在闯事业的激情里，这件事无疑对他就是当头一盆冷水，是个不小的打击。

"其实后来，我也想明白了。不当家不知柴米油盐贵，成长总是需要一个过程的。"现在的小邵已经释然了。

在中国传统家庭里，叔嫂之间，或明或暗或多或少总会有些矛盾和误会。由于哥哥性格偏弱一些，所以起不到缓冲调和的作用。好在小邵家族成员数量不多，否则像何鸿燊那样的大家族，一旦闹出点矛盾来，谁也理不清，反而会挑起看客们猎奇的神经。

"那段时间很郁闷，我便借着出差的机会，到处走了走。随着对市场的深入了解和接触的客户不断增多，我感觉到原有的销售模式又到需要改变的时候了。我在珠三角地区发现了很多特色酒庄，私人定制很流行，对我启发很大，回来后就一直在琢磨这个事情。"正是这个发现，成就了小邵日后的创业。

回来后，小邵便召集厂里的技术人员研究分析他带回来的样品，然后再与自家产的酒进行比较。结果发现无论是在产品包装设计，还是口感上都与对方有不小的差距，自己根本不是对手。如果将来尝试这条路，首先就要对厂里的产品进行升级换代。

于是，他便找哥哥谈了自己的想法。哥哥多年来一直埋头在厂里，与外面接触得甚少，并不了解市场的变化，所以他无法确定弟弟的想法是否可行，只是不赞同频繁地进行新产品的开发，因为无论是酒瓶、外包装设计，还是工艺改进等方面都是不小的投入，他建议弟弟先放一放，多看一看。但小邵则觉得

不忘家族文化的创业者 | 023

这可能是个机会，值得冒险一试，而且还要抢在别人前面，否则就失去了市场上的先机，很容易走在人家后面而成了打酱油的。

创 业

小邵没有继续"为难"哥哥。他决定另起炉灶，开启了自己的创业模式。他先是在委托深圳的设计公司进行酒品的外包装设计的同时，又联系到关系较好的酒厂协助进行产品研发，接下来他就带着自己的产品，几下广东、华北、华东等地试销，反复检验产品质量。就这样在反复研发和探索市场中，一年很快过去了。当所有的前期准备就绪后，小邵便和家里人"摊牌"了。他向父亲谈了自己创业的想法，但爸爸不同意。

"为什么不同意？"

"年轻时候我在外面闯荡过几年，吃过不少苦。父亲不想让我再经历这些了。现在厂里的生意还过得去，他是想着我们兄弟俩把它做得更好一些，但是我总想着自己做点事情，厂里有哥嫂管着，我也放心。"小邵坚定着自己的梦想。

后来父亲觉得留人留不住心，也就放手了，并一再嘱咐说："如果有困难就说话，不要硬撑，随时都可以回来，整个家都是你的后盾。"在家庭会议上，小邵宣布辞职，并主动让出 10% 的股份送与哥哥；自己所持有的酒厂股份由 40% 降为 30%，哥哥成为酒厂最大的股东。至此，他便不再参与酒厂的日常经营活动，也不支取工资，只享受每年的企业内部的正常分红。

充满小资情调的大上海是小邵的第一站，他在那里创办了自己的第一个酒庄。

"刚开始时真是惨淡呀！基本上没生意。"他郁闷地说。

创业并没有像他当初想象的那样简单，看着别人成功似乎很简单，但是自己一旦置身于其中就不是那么一回事了。面对偌大的市场,当时的处境就是"老虎吃刺猬"——无从下口,纵有一天跑断腿的工作热情,但感兴趣的客户真不多。

"那会儿真是怀疑自己是不是选错了方向?不该太冒失了。我不甘心,当年打工多苦啊,都能熬下来了,怎么现在就不行了呢?"小邵很不服输。后在一个经销商的点拨之下,他开始尝试参加全国规模的糖酒会,推广自己的酒产品。他大胆地采用了赊销手段,逐渐聚拢了人气,很快产品有了销路,订单随之多了起来;后来他又陆续参加了一些生活概念的产品博览会,越来越多的人开始认识他的酒;接下来他又联合车行、地产和艺术品公司,通过捆绑促销的形式,生意面逐渐拓宽。半年之后,他在上海的酒庄已经有模有样了,一年之后,他的营业额突破了千万。之后,他南下广东,来到了当年打工的那片热土,开办了自己的第二个酒庄……

生意稳定下来后,恰巧和之前的酒厂合作期满,他便主动把大半的定制生产任务交给了自家酒厂,并帮助哥哥完成了生产工艺定型,从此走上自产自销之路。谈到未来,邵先生明确回答说,家里的酒厂就留给哥哥吧,自己不打算再回去了。

不忘家族文化

在小邵的酒庄里,除了各式的样品酒和酒器之外,更多是一些书画作品和酿酒用的坛坛罐罐,我饶有兴趣地仔细端详着。

"我喜欢中国的书画,没事的时候就练练毛笔字。"他有些不好意思地说,接着摊开了他写的字,练的是颜体,行笔之间虽有些稚嫩,但还是有些功底。

"很羡慕像你这样的读书人,我就吃了读书少的亏。现在除了练字,我还报读了经济管理专业,虽然学得很吃力,但我一定要坚持下来,这种坚持是从父亲身上学来的，他从小就教育我们做事要勤奋、踏实，还要学会忍耐。这么多年来我一直坚守着，从来不放松对自己的要求，现在我也是这样教育我的小孩的。"小邵诚恳地说。

不知不觉中，我们聊到了他的家族。

小邵说他们是家乡当地的大姓，族系庞大。距离他们家酒厂不远就是邵氏祠堂，年代久远且疏于维护，已经残旧破败了。去年回家时他自掏腰包将其修葺一新，方便于族人们祭奠先人。接着，他提到了族谱。现在家乡的很多年轻人都在外面工作，有些已经在当地落户扎根了。长此以往之后，族谱开始凌乱断篇了。小邵就请人重新梳理再续族谱，终于衔接上了。他非常支持家族的教育，对于考上大学的孩子，每人奖励一万块钱；对于那些家庭困难户，还会额外给些生活补贴。

听到这里，我颇为感慨。这对于一个年轻人来说，实属不易。

"你为什么要做这些？"在邵氏家族里，他只是晚辈而已，我想还轮不上他出头。

"其实，谁做都一样！我现在有这个能力了，出点钱也是应该的。我觉得这个家族要世代相传下去，要让后人们记住先人们，继承他们身上的优秀品德，一代一代地传下去。"这些质朴的语言让我很敬佩。

现在的年轻人已经越发有些浮躁，尤其是年少时代就在国外读书、生活甚至工作的孩子们，身上的中国文化元素越来越少了，对家族的认识理解趋向模糊，甚至其中有些人对此产生了质疑。相比之下，小邵的所为不论是发自内心的，还是冲动下的"哗众取宠"，他毕竟为家族做出了很有意义的事情，值得点赞！在这里，我想呼吁二代青年在忙于事业的同时，更要守住家族中的精神财富。

感悟与总结

同为富家二代,相比之下,小邵的成长故事更为励志,充满着正能量。他靠着自我奋斗和商业智慧弥补知识不足的同时,终于实现了自己的创业梦想,而且事业并没有离开酒。同时,在兄弟二人各自发展的不同道路上,小邵通过巧妙的业务合作将自己的事业与家业捆绑在一起,实现了"1+1 > 2",继而进一步夯实了家族再前进的基础。

但是,对于复杂的家族事业传承,尽管邵父未雨绸缪,精心布局,仍"人算不如天算"留下了某些缺憾。正是这些缺憾,让邵家产业在未来充满了不确定性。在此,我的意见如下:

1. **资产分配设计**

与那些仍在徘徊的一代人相比,小邵的父亲似乎明智了许多。他清晰地对兄弟二人进行了财产平均分割,即各占40%。这样的股权设计虽然完全符合绝大多数父母内心里"一碗水端平"的初衷,但把整个家业一分为二,单一的股权结构出现松动。老两口之所以留下20%的股份,这表明在将权力交接给下一代人的同时,也充分保障了他们退休生活的规划。另外一层的含义就是父母可以把手中所持有的股份随时添加在天平的任意一端,从而保证最优秀的候选人实现控股企业,最后成为企业的未来领袖。同时,根据两个儿子的性格和能力不同,对他们进行了恰当的工作分工。邵父以上的安排看似公平合理,不偏不倚,但我们仍能从中发现某些不足:

其一,兄弟俩等额的股份对应着双方平等的权力,遇到大事时需要商议。在现实中,企业内部一旦遭遇企业经营决策方面的不同意见,就很可能出现僵持不下的局面,除非其中一方妥协退让,否则将难以避免地影响其工作激情。长此以往,则会容易产生矛盾,甚至出现对抗或不作为。

其二，父亲并没有明确指定实际的接班人，两个儿子都是候选人，同时也没有相应的培养计划。我猜测其中邵父不排除希望二人共同掌管家业的可能性，但此举实现的难度极大。此种设想不但生活中的成功案例极少，而且我们看到更多的是兄弟阋墙，并且这种安排也有悖于我们传统的单一制传承模式。

2. 兄弟之间该如何相处？

在本书中，几乎所有的二代受访者都不愿意多谈自己的兄弟姐妹，这的确耐人寻味。这到底是怎么了？究竟是什么原因使他们会变得敏感和心存芥蒂？尽管他们普遍坚信父母在许多事情安排上会"一碗水端平"……

本案中，小邵之所以选择了退出家族企业，我认为其中原因有三：

其一，他渴望通过创业实现自我；其二，他的商业智慧和抱负"难以"在家族企业中施展；其三，选择创业的同时也选择了"逃避"，不想过多地与其他家庭成员发生不必要的矛盾。第一条是绝大多数富二代选择创业的原始动力，第二条暂且想当然地理解为"看不上或不喜欢家族事业"而选择不加入或离开，第三条则是比较少见的，我分析其中原因在于大部分二代子弟尚很年轻，还没遇到类似的事或还没有意识到家族矛盾所带来的危害。

3. 关于传承家族文化

在调研中我有趣地发现：对于家族文化重要性的理解高度与年龄呈正相关。年龄超过30岁以上的二代，多看重家族文化内涵的重要性；而低于这个年龄的年轻人，基本上对此没有任何的概念。由此得出，只有具备一定人生阅历之后才能意识到文化对家庭和谐的支撑作用，这也就是从量变到质变的过程。

相比较于实业、金钱、地产等有形的家族财富，作为无形资产的家族精神文化往往容易被忽视。我认为这符合年轻人的成长规律，30岁之前他们都忙于学习、打拼和积累，无论是社会阅历，还是对事业和家族的理解，都是非常肤浅的。换言之，他们没有时间和能力去思考人生。只有当事业发展到一定阶段，对生活和社会具备了相当的了解之后，才会潜移默化中逐渐感悟。家族文化包含了很多内容，随着代数的递延，家族成员所秉持的价值观可能含糊不清，过于理想化，又或是互相矛盾，以致难以向外人交代清楚。如何将其中的最强音提炼出来，并经得住时间和发展的考验，同样这也不是一件容易的事情。在财富迅速积累、文化浮躁、出国读书日盛的年代里，如何通过文化精神增强家族的凝聚力，已经成为时代的课题。

这次采访，对我触动最大的除了小邵的"草根"式成长外，还有就是小邵对和家族文化的敬重和传承！虽然因受各种条件和认知程度的限制，他领悟的还比较肤浅和表象化，但这并不影响他成为家族二代学习的榜样！所以，在此我呼吁更多的有为青年在追求实现自我的同时，要多花些时间去认真领会和吸收前辈们留下来的精神财富；同时更希望上辈人在更多关注财富传承的同时，认真总结、反思和提炼家风中的正能量，为子女们营造出更加厚重的环境，只有这样，将来的家族事业才会更加充满凝聚力！

单亲家庭里的九零后

关键词：单亲家庭　母亲经营　资产规划　未来传承

采访人物：小敏（广州某时装公司销售部经理　创始人的独生女）

遇　见

我是在海南三亚认识小敏的。

2016年末，作为家族传承的研究者，我应某投资机构的邀请参加了他们在三亚召开的年会。会议规模很大，人数众多，中间还穿插着许多专业论坛和讲座，如：医疗健康、移民咨询、基金信托等内容。我就是在这样的场合里认识小敏的。

第二天午间自助餐时，恰巧与小敏及其母共坐一桌。在晚上的家族信托讲座分会场上我碰巧再次遇见了她。尽管信托内容很是晦涩难懂，中途已经有人陆续退场，但她却听得很认真，时不时做着笔记；每到互动环节时还时不时向主讲人举手提问。我发现在与会者当中，她算得上年龄最小的了，充其量不过二十五六岁的样子，但举手投足之间颇有气质和教养，应该来自大户人家。出于研究者的敏感，加之正苦于缺乏充足的家族女性二代的调研样本，我便萌发了找她聊一聊的冲动。

说明来意之后，没想到，她居然爽快地同意了。

三亚之行

"你经常参加这种年会吗?"来之前,举办方曾透露,只有那些投资额超过一千万元的客户才能成为被邀请对象。这就意味着参加者至少应是千万级以上的身家。

"这是我第一次参加,去年妈妈委托投资机构做了资产规划,她这次带我来感受一下,顺便学习些投资理财的经验。"小敏坦诚地说。的确,这次年会规格很高,在会场中我见到了电视上经常出现的国内某些知名金融大咖级人物。

"有收获吗?"联想到她听讲座时的认真劲儿,我相信她应该不虚此行。

"当然有了,不过有些还听不懂。"小敏不好意思地笑了笑。

如何对财富进行有效管理,近年来逐渐受到关注,尤其是高净值人士。现实生活中每个家庭都曾在不经意中参与其中,只不过是各自的诉求不同罢了。对于普通家庭来说,或许关注更多的是储蓄、基金产品、股票等,但对于资产雄厚的富裕家庭来说,则更加看重如何进行资产的长期规划,而且还经常与家业传承紧密地捆绑在一起。其实,这并不是什么新鲜事物,只不过是货币的贬值速度和财富的不安全性让人更加焦虑起来。

家 业

接下来,小敏讲起了她家里的故事。

小敏祖籍北方,爷爷是当年的南下干部。她出生在北方,是家中独女。20世纪90年代初时,由于东欧、俄罗斯经济不振,中国则成为向他们提供物美价廉商品的最大来源地,于是一大批国际"倒爷"应运而生。当年,小敏的父母便是其中的一员。由于两地中间利差大、油水足,虽是辛苦,但夫妻两人很快就赚到了钱，完成了当初梦想筹办服装厂的资金积累；但是，正是那段风餐露宿的生活侵蚀了父亲的肌体，使他过早透支了健康。在接下来的几年间，靠着父母的辛劳操持和经营有方，家里的生意发展得很快，由原来专做服装批发的小型工厂成长为有一定影响力的女装公司，主要通过在全国各大中城市商场中设立专柜进行零售。然而，正当事业欣欣向荣之时，父亲却一病不起，直到撒手人寰，那年小敏正在读大二。

"以前都是爸爸在负责管理工厂，妈妈只管着财务。他离开我们后，一切就全乱套了，厂里的所有事务都落到了妈妈一个人身上，我还没有毕业，根本帮不上忙；只想着能够早点毕业，回来和妈妈一起工作。"回忆起当年的情形，小敏表情凄楚。

相比于男孩，女儿似乎总是更与父母贴心一些，从小就学会了为家庭分担。小敏前脚刚走出校门，后脚就一头回到母亲的身边。

"我们在广州没有什么亲戚，厂里的事情都只有妈妈一个人扛着，我毕业前的两年是她最艰难的时候。以前工厂太依靠爸爸了，所以她要学的东西很多，生产、销售、开发等等。我曾劝过她，自己一个人不要那么辛苦，多培养几个得力的助手吧。她开始在厂里选拔有能力的人，后来她又聘请了一名经理负责市场推广，我毕业回来后，妈妈安排我在他手下学习，协助跟进西北市场业务。他很有能力，人品也好，把市场管理得很好，从他身上我学到很多东西。妈妈很信任他，最后提拔他做了副总。可惜，他后来离开了，听说是家庭出了些变故，我失去了一位好老师，哎……"说到这里，小敏情不自禁地轻叹一声。

成 长

得益于虚心好学和勤奋，小敏快速地成长，成了妈妈的得力助手。后来，小敏接手了销售工作的管理。销售是企业的龙头，责任之下，她全身心地投入到工作当中，在外出差占据了她大部分的时间，从选店看址、洽谈、装修进驻、调配货源，到筹备促销，再到巡店调整。在日复一日的忙碌中，母女俩在一起的时间越来越少……时间一久，小敏突然有了一种莫名其妙的厌倦感，特别是遇到无助时的困惑，甚至开始怀疑起当初选择回来的决定是否正确。

"你后悔了吗？"我小心问道。

"不知道该怎么说，反正妈妈是丢不下工厂的，那毕竟是爸爸未完成的事业。她还很年轻，五十岁多一点，也没有再婚的打算。我感觉自己别无选择，所以一毕业就回来了，今年是第四个年头了。现在我几乎所有的精力都放在工作上，自己没有时间逛街、看书学习、参加同学聚会，甚至连男朋友也没有时间找。我总想让自己停下来喘息一下，但我又不能，感觉那样会对不起妈妈……"

"现在厂里的情况怎样？"我知道现在的服装零售生意并不像以前那样好做了，尤其是那些单纯依托商场渠道的实体企业，面临来自网购的压力。

"没有以前好了。"小敏无奈地说，"服装行业门槛不高，品牌多，竞争自然大；现在进驻商场的条件也越来越高，网购的冲击最大。现在的年轻人都喜欢网购，只要点开手机屏，随时随地可以任意购物，没必要再去商场了，再说网上的商品价格还要便宜些。另外，现在时装同质化现象很严重，大家都在相互抄袭，无形中拉低了价格。实际上，最近这两年我们并没有太大的突破，生意时好时坏。我回来的第二年就建议妈妈开辟第二品牌的网上销售，面向大众化款式需求，目的就是借助这个平台，通过跑量的方式消化工厂多年积累下来的原材料库存。刚开始时效果还不错，不过从去年开始，网购似乎不那么流行了，消费者可能是厌倦了吧？"

财富规划

"未来有什么打算吗？"据我了解，类似小敏家这种情况的企业在珠三角地区还有很多，品牌知名度普遍不是很高，在激烈的市场压力下，市场竞争力不强。特别是在目前消费低迷、成本持续攀高的环境之下，企业成长空间正在被日益压缩，如果将来不能尽快在经营方向上有所突破的话，在各领风骚三五年之后，前面的路很可能越走越窄。

小敏犹豫了一下，沉吟了一会儿说："不知道妈妈是怎么想的，我总感觉生意一年比一年难做，说不清是自己不努力，还是别人进步得太快了。我曾和妈妈讨论过这个问题，她现在也没有具体的方向。目前我们也只能在产品设计和扩宽销售渠道上多下功夫，但投入又不能太大，主要是担心库存问题。我发现妈妈这几年老得很快，无论是体力还是精力都大不如从前了。去年开始，她突然对规划理财感兴趣了，做了些投资产品，听说收益还不错。只要有时间，她经常带我出来参加各种讲座。这不今年就来了三亚。"

在本书的其他章节里，我也提到了许多女性企业主偏爱理财的原因。这既是她们天性的表现，更与她们多从事财务、采购工作有关。相比较于男性，女性在这方面的优越性和智慧似乎更胜一筹。在我所参加的各类有关投资的论坛中，发现女性占到大半，尤其是中年人居多，作为家业传承的一部分，如何有效地进行财富规划已经日益被重视。随着投资理财机构不断地推陈出新，我建议有需求的人士要多一双慧眼进行综合、深度比较的同时，更要结合自身的实际需求，本着看菜吃饭、量体裁衣的原则，选择最为恰当的组合方案。总之，既不能好高骛远，又不能过于注重短期收益。对于家族事业而言，在咨询专业机构的同时，如何规划长远的投资回报则要更明智一些。

家业传承

我有一种预感,那就是小敏母亲在事业上的"转向"似乎正是在为女儿接班做出某种铺垫。但小敏会接班吗?尽管女儿成长得很快,既上进又勤奋,甚至还有一种使命感,但毕竟她还很年轻,缺乏足够的社会阅历;同时在外面的世界里还有许许多多的诱惑,她是否能够抵御?更何况小敏还没有成家。身为女人,她将来如何平衡事业和家庭,都需要时间来考量。

"将来你会接班吗?"作为研究者,我必须探知到小敏的内心所想。

"我就知道你要问这个问题。"小敏莞尔一笑。

"妈妈从来没对我提起过。我知道她这是为我好,不想给我太多的压力,但我知道她应该比我更纠结。现在的市场竞争虽然越来越大,但我想她在未来几年里是不会放弃的,因为这是爸爸未完成的事业,她不会轻易丢下,除非我将来不想做这一行了。如果选择继续经营下去,希望也是有的。但是我认为企业必须做出某些改革。尽管这几年,妈妈在管理上一直在求变,且正在逐步放权,她现在只负责财务了,其他工作交给了各部门经理。但我总觉得还不够,妈妈这把年纪了,不应该再这样辛苦下去,应该把权力放得更宽一些,工厂里有些管理人员进步得很快。来三亚之前我还在和妈妈讨论成立董事会的必要性,建议她考虑把现在管理层中的优秀干部拉进董事会,鼓励他们积极参与决策,发挥他们的聪明才智。在某些重大问题上如果只依靠我们母女俩,很难说把握得很准确。"

对于小敏提出成立董事会的建议,我是非常认可的。董事会是走向现代企业管理的重要标志之一,从《2010年第九次全国私营企业抽样调查》中我们发现,广东企业设立董事会的比例偏低,不足一半,低于全国平均水平。同时,在设有董事会的家族企业中,董事会成员多数是家族成员或近亲属,非家族人士占比同样低于全国平均水平，这反映出企业股权过于集中，甚至有些董事沦为企业主把控企业的工具。这种形式有利有弊，利在于可以加强家族对企业的控制，弊在于家族很难获得非家族人士对企业经营管理上所提出的意见。

至于放权尺度，我认为这其实就是管理团队的成长对应着企业主的不安全感，两者之间呈正相关，这或许正是小敏母亲所顾虑的。据我分析，企业主的不安全感包括：企业的安全、个人财务的安全和心理上的安全，等等。作为管理人员在工作中渴望获得更多的职权，这本无可厚非。但作为受让方，最优的手段就是通过个人努力和优秀品德获取企业主的信任，从而抵消他们的不安全感。只有这样才能被赋予更多的权力，而不是在抱怨中一味地被动等待。

情感生活

小敏已经到了谈婚论嫁的年龄了。我忍不住八卦，问及了她的个人生活。或许是九零后的个性使然吧，小敏并没有表现得扭扭捏捏，而是回答得很干脆。

"我现在只想多陪着妈妈，还没有男朋友，正在海淘中，相信很快就会有的，我也不想等太久。"

"你会和他一起经营目前的事业吗？"

"这个，这个……还真不知道呢。太远了，我没想过，当然也要看他了。"我知道，现在她还想不了那么长远的事情。

感悟与总结

这是我所有的采访中唯一的单亲单子案例，还是个女儿。

母女俩继续着父亲的事业。在这个仍以男性企业主为主导的时代里，失去了另一半世界的支撑，可以想象到小敏母亲是何等的艰辛操劳。这种力量和信念同样传递给了女儿，使她更加地坚强。

小敏作为独生女是家里的唯一人力资源，同样也是家业的唯一合法继承人。今天讨论小敏将来一定从母亲手中接管企业为时尚早，但是伴随着她个人的成长，潜移默化中逐渐向着目标在一步步地靠拢。相比较于多子女家庭的众多人力资源储备，身为女性的她则要面对更多的挑战，如：兴趣转移、经营压力、照顾家庭，等等，同样新一代年轻人还要对创业有个性追求。

针对以上，我建议小敏母亲应该做好两手准备。在努力将企业运行得更加健康的同时，在深度沟通的基础上，有必要尽早为小敏制定未来成长和传承规划，不论最后小敏是否接管家业，要尽可能做到未雨绸缪。

尾　声

采访的第二天，会议结束了，千万级身家的与会者们各自北飞，一路散去。

后来，突然有一天，我收到小敏发来的短信，她说想去参加一个关于家族传承的培训，征求下我的意见。

"去吧，多听听，没坏处。"我认真作答。

父子创业

关键词：儿子的点子　父子创业　回归

采访人物：小丁（创始人的次子　现在美求学）

家　业

丁总是一家生产大型环保设备企业的老板。我的老同学永健是他的得力助手。正是得益于这层关系，我顺利地见到了丁总。

丁总年届五旬，育有两个令他骄傲的儿子。长子大学毕业后考上了政府公务员，因工作踏实勤奋和能力出众，很快就被提拔到领导岗位上，之后更是一步一个台阶，刚过而立之年，便成为粤北某县的副县长，可谓是仕途顺风顺水；次子小丁自中学时候起就是班上公认的学霸，国际学校毕业后成功地申请进入一所全美前 50 名的大学，主修环境工程学，兼修管理学。

丁总更是他那个时代的佼佼者，"文革"结束恢复高考后第二年进入大学，所学的是机械工程专业，毕业后分配到国有机械厂工作，逐渐成长为一名工程师。企业改制后，他便与厂里的同事合伙成立了一家小型的设备加工厂，专门生产企业车间里使用的通风设备。后来，乘着改革的东风，加上珠三角制造业的黄金十年，丁总的企业迅速崛起，成为本土耀眼的环保设备和一体化解决方案供应商。

父子创业

在崇尚 GDP 发展的前 20 年里，经济高速发展的背后就是高耗能和环境破坏问题，甚至个别地区的环境状况已经到了触目惊心的程度，华北地区大面积的持续雾霾便是明证。庆幸的是，在民生大计和 GDP 之间，政府终于做出了理性选择。近几年，随着国家对环境整治力度的持续加强，一部分不达标企业在吃尽苦头的同时，环保设备制造行业却爆发性崛起，迅速进入到各个需求企业。很快，市场供给就远远大于了实际需求。在僧多粥少的形势下，丁总的专业除尘设备受到了不小的冲击，两年间工厂业绩不升反降，加上各项生产成本的逐渐增加，丁总感到了前所未有的压力，且苦于没有良策而左右为难。孰料儿子不经意间的一项提议却使他柳暗花明。他兴奋地讲述了和儿子共同创业的故事。

那是 2015 年，小丁圣诞节放假回家的期间。在得知父亲企业的经营现状之后，他便向父亲提出了关于节能 LED 灯的项目。小丁认为节能灯将是全球照明产业的未来。进入 21 世纪以来，为了响应环保和提高用电效率，欧美日韩等国相继出台各种政策，逐步淘汰白炽灯等高能耗照明产品，开始提倡使用节能灯。

丁总很重视儿子的意见，认为他毕竟是学环境专业的，而且还在北美生活了三年时间，对这方面应该认识深刻。父子俩认真分析了目前国内外节能灯的发展状况，了解到目前国内的产品已经取得了显著的进步，无论是在性能、外观设计还是技术上已经能够与国外同类产品比肩了，而且成本优势明显，在国际市场上显示出了较强的竞争力。后来小丁还委托北美的同学帮助收集了最新的技术参数和灯具外观资料。

丁总虽有所动心，却苦于厂里现有的技术力量和生产设备并不能支撑节能灯前期研发和后续的大规模批量生产，但儿子却支持和鼓励父亲去尝试。在比较内外销市场的需求差异后，小丁建议通过贴牌加工的形式借船出海，尝试以外销的形式进入国际市场。再三权衡及考察可行性之后，丁总决定依计而行，并着手选调人马和组建团队。完成商标注册后，丁总很快就在中山找到了合作工厂，接着便和儿子共同赴美参加在圣地亚哥举行的国际照明展。由于精心准备的样品符合 CFL 标准，在外观设计上又结合了当地文化，所以得到了不少客商们的好评，丁总很快就找到了合作代理商。回国后，丁总便投入到订单生产中。

"多亏了儿子的好主意，找了一个好项目，否则我现在还在黑暗中摸索呢。"丁总感慨地说。

"你想让他接班？"我下意识地问。

"当然想了，但这还要以他的意见为主。"

丁总计划前期先通过贴牌合作的方式推广产品，并已经着手开始组建自己的研发团队和实验室，他必须把最核心的东西牢牢地抓在手里，否则将来的发展会处处受到限制。

现在的珠三角地区的许多制造型企业都在转型和技术升级的路上观望或煎熬着，这既是经济规律周期所带来的阵痛，更像是企业在成长中的自我救赎。并不是所有的企业都能经得起风浪，面临各种挑战，总是几家欢乐几家愁。丁总在风雨飘摇中显然是幸运的，全因有儿子这个好帮手。

儿子小丁

见到小丁时已经是一个月之后的事情了，暑期他从美回国。小丁身材高大魁梧，性格爽朗，阳光健谈，不像传说中的木讷寡言的理科男。

"在国外学习还顺利吗？"对于一个学霸级小哥，这话问得似乎有些多余。

"还好，就是学习很紧张，压力挺大的。因为我还选修了管理经济学，所以要多费些时间。"

"为什么要选择经济学？"在我的调研数据中发现超过 60% 出国读书的孩子们选择财经类专业。

"现在获得诺贝尔经济学奖者的绝大多数都是来自欧美国家，我认为他们在这方面的研究是最为顶尖的，这是最吸引我的地方，我相信自己一定能学到很多最前沿的知识。另外，我可以把从中学到的东西分享给父亲，特别是那些关于管理的新思路和方法。"我对他的这番话是很有体会的，因为当年我在管理学院读书时，教材基本上都是使用美国版的，只不过内容有些滞后罢了，所以很羡慕小丁能够得到真传。

"你选择的环境工程专业是受父亲的影响吗？"其实子承父业不仅局限在事业上，在专业选择上亦容易受到父辈的影响，但好像医学除外。当内科医生的家嫂坚决反对她的儿子学医，理由是太辛苦了。

"哈哈，纯属偶然。你可能误会了，这与老爸一点关系都没有。这是我自己的选择，因为环保是未来趋势，将来找工作的机会也相应会多一些。"小丁憨厚地笑着说。

"父母通常是怎样教育你们的？"孩子们早期成长是离不开家庭教育的，只是不同的方式带来不同的结果而已。

"其实没有什么特别，他们很少过问我们的学习过程，但经常提醒要注重学习效率。其实在国内读书时，我们和父母在一起的时间并不多，初中以后就都住校了，只有周末和放假时才能回到家里。哥哥大学毕业后就出去工作了，据说现在混得不错。我高中毕业后就去了美国读书，反而出国以后和父母交流的机会逐渐多了起来，我们经常在电话和微信里交流，因为时差关系，我通常是在国内白天的时间打给他们；他们有时也会飞过来看我，我带着他们出去走一走，了解当地的风土人情。"

"未来有什么打算？"其实每一个国内的父母都非常关心孩子的未来选择，尽管他们言称尊重他们的意愿，其实绝大多数在内心深处巴不得他们早点回来。

"打算？还没有认真想过呢，去年老爸来美参展时也曾问过我同样的问题。将来无非就是两条路，要么毕业后回国，要么留下来继续读研或先工作一段时间。我今年才读大三，离毕业还有一年多的时间，也不敢保证其间会发生什么变化，反正我也有足够的时间来考虑这个问题。"小丁很认真地说。

"听说你为父亲选择了新项目？"我指的是节能灯项目。

"这事你也知道？"小丁有些不好意思。

"其实，这纯粹就是巧合。去年我回家时看到老爸的经营情况不太好，我挺着急的。当时我们系里正在做一个关于节能灯照明项目的实验，我认为这个项目是很有发展前途的，便推荐给了他。没想到，老爸居然做成了，我很为他高兴。虽然现在还在起步阶段，但我看好未来的发展空间。课余时间，除了为他搜集整理最新的市场信息之外，我还是他在美国市场的业务员，帮助老爸开拓业务和寻找区域代理商。但因为时间有限，这方面我做得很不够，很惭愧。"

"将来你会加入到父亲的企业里吗？"我认为他的哥哥正仕途顺利，只有次子是丁总的希望了。

"不好说，我现在要做的事情就是首先完成学业，至于以后的事情，毕业后再看吧。老爸今年还不到 60 岁，我相信他还会再干几年。他现在身边的人能力已经很强了，就像永健叔叔，他们已经是老爸的左膀右臂了，所以我没必要急于回来。老爸肯定是想让我回来的，但现在为时尚早，或许未来还有更适合我的机会，也不排除我将来自己创业，我想趁年轻的时候多做一些自己喜欢的事情。"小丁一本正经地说。

感悟与总结

家族企业成长

事实上，通常那些有潜质的孩子，父母一般无需操心过多，父母担心最多的反而是子女们是否对他们的事业有兴趣，是否将来愿意回来？通常学历越高的孩子所表现出的竞争优势越大，选择的机会也多。本案中的小丁便是其中一例，孩子在成长的同时，也向父母提出了挑战，除了子女们各自的能力和意愿之外，究竟怎样的企业才能吸引到他们？我认为其中除了使命感之外，家族企业更应该与时俱进，具备更多的时代活力。

父子共同创业

我们所知道的多是自上而下的"父—子"创业模式，而很少听到自下而上的"子—父"逆向模式。茅忠群引领父亲茅理翔由点火器转型为方太橱柜便是其中家喻户晓的故事，后来儿子将父亲取而代之，成为新企业的领袖，这与本案中的小丁父子有异曲同工之处。正是儿子的建议成就了父亲事业的转型，虽然节能灯项目尚处于成长期，但现在已经奠定了坚实的事业基础，假想将来如有儿子的加入，父亲的事业将会如虎添翼。我相信，许多企业羡慕这种混搭模式。所以，我建议父辈们应该重视孩子们的建议，鼓励他们勇于尝试，因为很多机会都是从兴趣中迸发出来的。在我所调研的相关子女创业案例中，子女所选择的创业项目多半受父母影响或支持，这似乎正逐渐成为一种潮流。一方面父母在成全儿女们创业选择的同时，也在侧面观望，思量着借他们之手为未来家业发展增加新的元素，尽管事实证明这种成功的比例不是很高，但总可以作为传承的选择之一。但是如果父子两代人能够真正齐心协力，上代人发挥他们的经验和资本优势，下一代则充满像父辈们的那种拼搏创业精神，不亚于家业的再次创业和转型。

对职业经理人的使用

国内的家族企业发展到今天，职业经理人的广泛使用将成为必然。这不仅是企业的普遍性发展规律，更是家族企业的现实性需求。嘉吉集团和克拉克鞋业公司便是其中最为典型的代表。嘉吉集团已经延续了150多年，在20世纪60年代就明确表明了坚决不上市的立场，而且嘉吉家族成员并不参与实际管理，将企业管理全面交给经理人团队，只是保留了家族控股地位。事实证明，嘉吉集团仍处在全美最大的私营企业行列中。英国克拉克鞋业公司的年岁更久，被同业界誉为"低调的巨人"，现已经传承到第七代，成功的秘诀在于聘用合适的职业经理人和传承设计。尽管近年来，社会上有许多关于职业经理人的负面报道和失败案例，但这并不能阻挡这股力量的成长。

之所以引入经理人管理机制，这是因为企业主虽然具备超强的前瞻意识和探索精神，但毕竟很难做到在经营管理上一专多能，面面俱到，而且一部分未来的准接班人有可能对家族事业说"不"。一旦出现两种情形叠加，父辈们则陷入惶恐当中，左右为难，甚至导致企业失去了前进的动力，而且随着时代的发展，这种趋势将愈发明显。在这个问题上，我建议丁总应该早做规划和准备，在率领企业持续保持竞争活力的同时，更要打造出一支高水平的管理团队，同时做好各种类似于股权制度的设计，以不变应万变，迎接各种挑战。

渴望继承家业的女儿

关键词：能干的女儿　渴望接班　父亲的规划

采访人物：小英（创始人长女　现为某油漆企业销售部副经理）

渴望接班的女儿

我是在最近一次某商会组织的"二代传承沙龙"上认识小英的，当时我是主讲人之一。

通常在这种关于传承话题的现场，热衷提问的多是男性两代人，而女性中则少有人参与讨论，多是安静地听课，鲜有人举手发言。相比较于其他地区而言，广东女性表现得更为传统保守一些，行事多是低调内敛，大多数倾向于婚后相夫教子，主内而不主外；普遍认为经营事业是男人的事情，家业传承与她们关系不大。小英则是其中的另类，她在互动环节中表现很活跃，一直霸着麦克风，接连提问了几个问题，都是围绕着作为女性应该如何继承家业的。我耐心地一一作答，尽管时间有限。没想到，沙龙结束后，她仍是意犹未尽地挤到前台来继续咨询，所以我对她印象深刻。

小英看上去顶多二十五六岁的样子，个子不高，留着短发，斯文中透着泼辣，一双忽闪忽闪的大眼睛中透着机灵，说起话来风风火火，应该属于那种快人快语的外向性格。

"你将来是要准备接班吗？"看着她那股认真劲儿，我笑着问。

"嗯？不可以吗？"小英用奇怪的眼神看着我，反问道。

"那你准备好了吗？"我一本正经地问。

"现在还没有，正在努力中。"她笑着说。

接下来，我饶有兴致地听她讲自家的故事。

家 业

与许多一代人有着相同的经历，小英的父亲也是白手起家，在粤东地区经营着一家颇有名气的油漆厂，已有十多年的历史了。两年前，小英大学毕业后就直接回到了父亲厂里上班，选择在销售部工作，成为了一名油漆推销员。她说父亲早年就是做业务出身，所以想以他为学习的榜样，而且销售很有挑战性，会让自己成长得更快一些。

"工作还顺利吗？"我想知道她的工作心得。

"还行，就是压力比较大，每个月都有考核指标。第一年几乎是在车间里度过的，边学边干；第二年我就独立开展业务了。其实我的身份帮了不少忙，有些客户听说我是老板的女儿，都很给面子，于是就接到了不少订单。现在我已经是销售部的副经理了。"小英显然对自己很有信心。

小英因何对传承话题如此感兴趣？这在我所接触到的女二代中寥寥无几。

"现在的工作挺适合我的，希望将来能和父亲一起工作。父亲以前是军人，我从他身上学到了很多东西，特别是那种坚忍不拔的吃苦精神。毕业前，他就希望我能够回来，但他从来没有提过将来的事情。可能他认为我是个女孩的缘故吧，反正迟早都是要嫁出去的；我有一个弟弟，现在读大二。我想在将来父亲退休后管理工厂，而且相信自己一定能行。"

眼前这个直言不讳的小女孩，我不得不刮目相看。这是我在调研中，第一次遇到勇敢直言表白自己想要参与家业发展的女性。从调研数据中我发现：70%以上的二代并不刻意在乎将来是否能够成为家族事业继承人；在"继承意愿"上，数据答案则呈现出橄榄球形状，明确表示"拒绝"和"同意"的占据尖细的两端，而中间最大部分则是选择"听从父母安排"。我把小英归类于"既有能力又有继承意愿"的人群，但这种比例不足20%。

"你准备如何发展父亲的事业？"我认为小英的自我规划同样很重要。

"现阶段我只能把自己的工作做到更好，同时还要多学习些管理和财务方面的知识和经验，当然更希望父亲的生意越来越好了。"小英对我的提问显然没有思想准备，想了好一阵子才仓促回答。

尽管她的理解还很肤浅，但她心存赤诚，家业使命感强烈，应该为她点赞。

"你应该和我父亲聊聊。"她突然冒出这样一句话。

"哦。"我下意识地应承着，一时不知她的用意。

"我来约时间！"小英快人快语。

父亲的规划

半月之后，我依约前往。

小英家的工厂坐落在三面青山环绕的工业区里，面朝大海，环境宜人。厂区里整洁有序，车间、道路上用橘红色直线画满了格子，车辆、原料、成品依次摆放，井井有条。走在通往办公区的小路上，我几乎听不到机器习惯的轰鸣声，反而静悄悄的。

或许小英提前与父亲打了招呼暖过场，所以见到这对父女时，气氛轻松愉快。小英的父亲果然是行伍出身，只见他腰板挺直，中气十足，很是干练，只是脸上写满了沧桑。

"她上次听完您的课后，回来跟我叽叽喳喳了半天。今天有幸见到您，很想当面请教。"父亲的开场白如是说道。能让受众有所共鸣是我最值得欣慰的事情。

在了解清楚小英父亲的关注点之后，我便有针对性地、简要地介绍了有关于家业传承的内容，如：国内的传承现状、国外的传承模式、接班人培养、企业治理和传承规划等等。小英依然听得很仔细，时不时插话提问；父亲则始终在安静地听着，一副若有所思的样子。

"第一次听到这些内容，很好，很受用，对我启发很大。"他听完后客气地说。

"您应该有些传承上的规划吧？"我顺着话题发问。

"哈哈，这就要看他们喽。"小英父亲爽朗地一笑，看了下坐在身边的女儿，小英则有些不好意思。

"只要孩子们愿意接，当然就要交给他们了，我们做父母的还巴不得呢，但这也要看他们的能力了。光有想法没有能力肯定是不行的，否则会直接影响企业的发展。"

对于这个问题，匹克集团董事长许景南先生是这样回答的："如果子女没有足够的能力，我绝对不会将企业交给他们打理。"结果，他的两个儿子都很争气，先后回到家业，现在已成为父亲的左膀右臂。其实，几乎所有的一代人都会如此回答，这似乎成为了标准的官方式语言。他们多是从子女的角度出发来设计未来的传承方向，反而很少从自己的主观意愿考虑。正如之前所提到的，在一个家庭内部如果既有充沛的人力资源储备，子女具备能力的同时又有接班意愿，这对正逐渐老去的一代人来说，实乃最大的幸事。如果接班人的问题得以解决，那么传承的成功概率还是相对较高的。换言之，如果父母确定事业将在家族内部传递，子女意愿和能力问题则是解决传承问题的首要条件。

随着话题的逐渐深入，小英父亲突然话锋一转，扭头对女儿说："你先出去一下，我想和韩老师单独谈谈。"

小英用复杂的眼神看了我一眼后，知趣地起身带上门离开。父亲示意女儿回避之举，我明白接下来他可能要爆出猛料了。

父亲的计划

"小英是不是向您咨询了很多问题？"在他看似平静的语气中我感觉了到分量。

"倒没什么，多是些关于传承的问题。"我实话实说。因为在讲究含蓄内敛和非公开的华人社会里，家庭成员之间夹杂着某些敏感和微妙的元素，一般不会公开谈论其中一方。作为研究者，我始终秉持中立态度，不偏不倚，客观求实。

"小英这孩子有个性，能力也不错。回来这两年多时间里，表现很好，成长得也很快，我比较放心，很少干涉她的工作，但唯一不足的就是她还年轻，比较毛躁，当然这是每个人都要经历的成长过程，将来她也会成熟起来。她向我表达过将来长期留下来工作的打算，也有打算接班的想法，但我一直没明确表态，就是想让她再踏实地工作几年，积累些经验。她毕竟是个女孩，将来是要嫁人的；结婚后她会有怎样的安排，女婿会不会有其他的想法，一切还不得而知，所以我是有顾虑的。其实，把工厂交给她，我还是很放心的。"小英父亲侃侃而谈，很坦诚。

我相信这番话是出自于他的心底，父亲对女儿未来选择的担忧和其他的父母一样在情理之中，只是他现在还理不清头绪。

"你的想法是？"我想他已经有了某些规划，尽管还不甚清晰，但具备了大致的轮廓，只不过外人暂时难以察觉。

小英父亲沉吟片刻后和盘托出。

"现在我正在筹建一家新工厂，也是生产油漆，只是品种不同。这是为两个孩子分家做准备的，我打算让他们将来各管一摊。儿子还有两年就毕业了，如果没有意外情况，他应该会回来。万一他有其他想法，我就和女儿先替他先管着，一直到他回来，到那时再找几个得力的助手帮他打理。我打算十年后考虑退休，所以现在的任务就是尽快培养好两个孩子，同时把事业经营得更稳健一些。目前企业情况还不错，我对未来还是充满信心的。"他心中果然有腹稿，对未来考虑得很周全。

我点头，表示认同。

在资产分配上，中国的绝大多数父母都会在子女之间选择一碗水端平，这虽符合传统文化中诸子均分的基本原则，但仍各有利弊。其弊端是一旦资产被拆分后，其原本单一性的股权结构随之发生变化，资金的使用效能会受到抑制；有利之处在于不但清晰地界定出兄弟姐妹之间的资产界限，避免因模糊不清而带来的家庭纠纷，又可能实现独立的个体之间选择相互协同，优势互补，甚至是交叉持股。事实上，这种兄弟姐妹之间的合作模式并不鲜见。这也从另外一个侧面反映出公司股权结构的变化趋势，如现在的家族企业由原来单纯性夫妻或兄弟制正朝着兄弟姐妹控股合作型演变。也就是说，尽管父亲计划安排小英和弟弟各自经营，但不排除将来他们会选择相互控股，甚至是大一统的可能。

至于父亲所担心的女儿婚后的变数问题，我的建议是：与其暗自揣摩，不如开诚布公地向儿女们公开自己的事业传承安排，并提前做足各项预案，其中的好处是显而易见的。

在传承设计上，必须考虑到以下内容：

首先，只有提前明确路标，儿女们才能趋于平静，同时清晰自己脚下的路和肩上的使命，避免在摸索和揣测中前行。

其次，顺利推动培养计划。对内，父亲和部分优秀的老员工是他们姐弟的良师益友，同时借助顾问或导师的外部力量对他们加以综合训练。

再次，明确继任者之后，未来的企业领袖才能得到来自企业内、外部力量的支持。通过彼此间的磨合和互动，减少对上一代领导人的依赖和留恋，同时使得新的企业治理方式得以推行，在"随风潜入夜，润物细无声"之中完成权力转移和管理对位。

最后，帮助女儿有充分的时间去协调家庭和事业的平衡。确保家庭生活和谐的同时，得到丈夫的支持和理解。

诚然，翁婿关系在家庭链条中属于比较脆弱的一环。两者之间本无血缘关系，而是基于现实婚姻的存在而自然形成。虽然现在有些企业主在对女婿的使用问题上过于瞻前顾后，但我不主张将女婿游离之外。如果女婿具备经营能力，也愿意和女儿共同经营事业，岂不是两全其美？

感悟与总结

年轻人的现代意识

小英的这种主动参与意识在令人兴奋的同时，也让我愈发感触到当今二代青年正迸发出强烈的独立人格和崇尚平等的特征，在对待权益分配问题上不再像上一代人那样隐晦或含糊，而是勇于表达自己的内心诉求。在事业选择上，服从内心渴望的同时，更寄希望于父辈人开明和平等。总之，这是时代脚步迈进的表现，更是子女们趋向于独立自主的节奏。本案中，小英在清晰传达自己参与家业的同时，同样期待着父亲能给予机会。

尽管与女儿的主动相比，父亲的顾虑多了一些，甚至是有些犹豫不决。但我仍希望他能够尽早公布未来事业上的安排，让所有相关的人"闻风而动"。只有这样，家族和事业才会走得更加坚定。

女儿的成长未来

相对于男丁，女儿则是父母心头最柔弱的部分，时时刻刻牵挂着，因为她们迟早要离开自己，所以总是想着为女儿们铺平各种道路以求得心理宽慰，尤其是在择婿方面则是头等大事！毕竟这事关儿女们一生的幸福。实际上，过于自负地干涉儿女婚姻是一件很危险的事情，与其过度地"协助"女儿选择，倒不如考虑将女婿一同纳入培养轨道，前提当然是征得未来女婿同意。同时，对于有接班意愿的女儿，父母应在企业内营造较为宽松的就职环境，让更多的女性能够在家庭和工作上取得平衡。

总之，既然女儿想接，也有能力接，为什么不呢？

女儿眼里的传承

关键词：能干的女儿　父亲的转变　培养　责任

采访人物：章小姐（现在家族企业行政部工作　创始人的长女）

章小姐印象

采访到章小姐，颇费了些周折，前后约了差不多两个月。

章小姐虽出身富贵之家，但她举止谦逊随和，举手投足之间表现得很成熟，没有一点矫揉造作。对于我的提问，大都从容做答，很坦诚，也很真实。在两个多小时的交谈中，我发现章小姐在许多问题上不但有自己的见解，而且对自家企业的未来发展有着清晰的认识，是个很有思想的人，属于比较成熟的二代青年。她不但健谈，而且长像靓丽，受过良好的教育；加之又出身富贵人家，真是令人羡慕嫉妒恨，普通人家似乎连"追赶"的机会都没有。

家　业

提到章家的产业，那可真是大名鼎鼎，就连国家级领导人都曾不止一次地前来参观调研……它早已是制鞋界的领袖企业，更是制造业成功转型的标杆，是同行们争相模仿学习的楷模！

"三进两出"

我是在总部办公大楼见到章小姐的。她没有独立的办公室,隔着透明的玻璃窗看到她从略显拥挤的集体办公室里款款走出,径自把我引入隔壁的小会议室。她略带着抱歉说,因为刚回到企业不久,还没有自己的办公室,目前暂时在行政部工作。

通常我会对家族二代青年的年龄比较"敏感",因为从中可以推断他们的工作经历。虽然不便贸然询问章小姐的实际年龄,但据我目测,她应该是八零初的青年,至少有十年以上工作的资历了。

"这是我第三次回来了,上班才三个月。"没想到,章小姐的开场白居然是这样。

我有些困惑。

"第一次回来是在大学毕业后,我在厂里工作了三年多,一直到结婚和生孩子;休息了一年多后就去了老爸的另外一间厂,干了两年多。后来,家里出了点状况,我就又离开了;现在是第三次回来。"

原来如此。

任何一家企业,出于各种原因,员工的流动都是很正常的现象。对于老板的子女来说,情况也差不多。只要孩子还没正式接班,无论其职位高低,都属员工;至于他们是选择留下还是离开,都在情理之中。

第一次回归

"当初大学毕业后为什么选择回来?"我想知道章小姐回来的原因。

"原因?"她略微一怔,对我的提问似乎有些不解。

"应该没有特别的原因吧，很自然地就回来了。读完中学后我就直接去了英国读大学。毕业前我征求过老爸的意见，他没说什么，只是让我自己去选择。那时工作机会还是挺多的，其中一家外资银行我觉得就特别适合我……"

"如果非要说回来的原因，我想有这么两条：一是当时还小，没有任何社会经验和判断，根本想不到将来的工作规划；二是爸爸的企业发展很快，他身边没几个亲戚，都是一个人管着，弟弟还在读书。我在大学里读的是财贸专业，我觉得应该能帮得到他，所以就回来了。"

说完，章小姐看着我，不知道这样的回答我是否满意。

"事实上，在我的采访中，许多二代青年选择回来的主要原因之一就是想为家庭做些什么，不希望父母还像原来那样辛苦。看来，您也是一样。"我如是说。

"呵呵，我觉得这是子女们应该做的事情。只要我们有能力，都会想着帮助父母；同时我们从中得到更多锻炼的机会，毕竟留在父母身边，有他们的指引，成长得会更快一些。但是直到现在，我还是不喜欢制造业，太辛苦了，而且赚钱越来越难。"她说得很坦诚。

事实上，制造业的艰苦的确是让部分年轻二代"却步"的主要原因。有些孩子们认为那是父亲那一代人干的事儿，早已是过去式了，他们已经没有了兴趣，辛苦自不必说，而且还很没"面子"，应该要去做一些类似于PE、互联网等符合时代特征的光鲜产业。事实上，那些所谓的蓝海新事业很多都是"新瓶装旧酒"，充斥着浮躁和泡沫，在迎合年轻人燥热性格的同时，也为他们埋下了危机的种子，毕竟坚持到最后能够爬上树摘到苹果的只是极少数人。

"我的第一份工作是在业务部，负责与国外客户衔接和处理订单。老爸没给我具体要求，只是让我边学边做。开始时，真是手忙脚乱，工作比我想象中的困难多了，一下子很不适应，要学习的东西实在是太多了。这份工作看似简单，其实却是连接着工厂的生产系统。要与很多部门打交道，比如开发部、生产部、品质部，甚至还有财务部和仓库。直到我熟悉了工作之后，才发现老爸的良苦用心。那时候我还年轻，也有冲劲，忙起来根本就没有上下班的时间概念，总是有做不完的事情。就这样在业务部一干就是三年多，我已经熟悉业务了。其实，制造业并不复杂，就是繁琐一些。"

"当时你最大的感受是什么？"我想知道第一份工作对她的影响。

"两种感受吧，而且是完全不同的。第一种就是要学会适应工作。由于时差关系和国外客户的工作时间不同步，经常需要半夜处理往来邮件，很辛苦，而且也很繁琐。如果我不是老板的女儿，我可能会选择放弃；但我不能那样做，否则会被人看不起。第二种感受是更加理解父亲。在大环境越来越差的情况下，每家制造企业都应该获得应有的尊重，尤其是那些还在坚守的老板们，也就是像我爸那种人！"

章小姐的这番话，让我不由得重新审视面前的她。在这个问题的理解上，她明显要比同龄人领悟得更加深刻。

再次回归"创业"

"能谈下你离开的原因吗？"我继续着话题。

"不能算是离开。"章小姐对此予以否认，"因为我准备要生小孩了，没办法正常上班，所以我就离开了。做母亲之后，就要留在家里照顾孩子。孩子一岁后，我开始想着要重新工作了，否则很快就会与社会脱节，而且我也是一个闲不住的人。但是，我那时心里很矛盾，对原来的工作突然有种莫名的恐惧，已经接受不了那种紧张忙碌的节奏了。老公希望我能够留在家里照顾孩子，但我没同意。后来我找老爸谈了一下，他说欢迎我回来并同意我可以在企业里的任何部门里工作。我考虑了一段时间并说服老公后，就选择了老爸的一个分厂。

结果，稀里糊涂地我就成了那家分厂的总经理，呵呵……"说到这儿，章小姐忍不住笑了。

"结果，刚去就后悔了。与其说是间工厂，倒不如说更像个车间，只有几十个工人，主要生产鞋材辅料，为总厂提供配套服务。没有任何经营压力，只要总厂有任务，我们就生产，跟过去的计划经济时代差不多。因为没有生存压力，所以工作效率不高。我不希望工厂这样维持下去，必须要换个经营思路。当我摸清了基本情况之后，就找老爸谈了一次，并说出了我的想法。在保证完成总厂任务的同时，决定工厂实行'对外开放'，单独接单生产。没想到，老爸居然很支持，这算是我的第一次创业吧。工人、设备都是现成的，唯独就是没有自己的客户。反正那时我脸皮也够厚，就打着老爸的旗号出去找客户。当时市场上同质化的产品太多了，品质、价格、服务等都大同小异。对于客户来说，买谁家的都是买，反正大家拼的都是客户关系。老爸的面子就是好用，时间不长，工厂很快就接到了订单。虽然开始时量不大，对方只是试探下。后来订单逐渐多了起来，而且客户数量也在增加，工厂开始赚外人的钱了，老爸很高兴。说实话，我应该是幸运的，多亏了老爸这张牌，否则当时我能不能把生意做起来都很难说！"说话间，章小姐脸上写满了自豪。

"我只是做了自己想做的事情，如果没有老爸在幕后做支撑，这事根本做不到。应该说是他为我搭了一个好台子，我只是负责把戏演下去而已。只是这间分厂对总厂的贡献实在太小了，我离开前，建议老爸将它卖掉，趁着现在生意还好。他同意了，后来果然卖了个好价。"

家庭和事业

"为什么再次选择离开？"我不解地问道，毕竟刚刚收获"事业"，总不至于那么快就选择激流勇退吧？

"我的个人家庭出了些状况，而且孩子也要上幼儿园了，需要人照顾。"章小姐平静地说。事关个人隐私，我不便多问。

三年前，我曾在《财富管理》杂志上发表了一篇《关于家族企业中女性家庭成员所起作用的调研报告》。文中探讨了许多女性成员在家庭和谐和事业发展中所扮演的角色与积极作用。现实生活中，无论是商家富贾，还是寻常百姓，女性成员尤其是母亲对家庭的重要性似乎超过了男性。尽管在家务、教育后代上占据了她们大部分时间，并催老了颜容，但她们甘当幕后英雄的同时，更承担着男人无法取代的作用。尤其是在照顾家庭、缓和矛盾和理财规划等问题上，男性远远不及女性的影响力，而且多数女性表现得较为低调和务实。章小姐也不例外，既要照顾家庭，还要工作，的确付出很多。

第三次回归

"这次回来后你有怎样的打算？"

"自从在国外开办分公司以后，老爸更忙了。不到万不得已的时候，他是不会请外面的职业经理人帮他的。他很希望我能回来，只是不好意思开口而已，这次是我主动要求回来的。在回来之前，我考虑了很久，不知道从哪里开始。最后，我选择了相对简单的行政工作，目的是先让自己调整一下。"章小姐平静地说。

"我尽可能让自己忙碌起来，并很快发现这份工作给我带来最大的收获就是能让我从相对静态的角度去思考企业内部的问题。工厂建立已有20多年了，在东莞算得上老企业了，现在仍然在沿用过去的规章制度，其中有些已经过时了，特别是在员工福利和激励制度设计上，过于简单粗犷，根本起不到鼓励和留住核心员工的作用。为此,我向老爸提出了适当修改的建议。他是个很固执的人,脾气也急躁,比较专制。员工们都习惯于服从和执行了,我和弟弟在他面前也是一样,有时沟通起来很困难。"

"最后采纳你的意见没有?"我赞同她的意见。

我始终认为父母应该认真倾听子女们针对企业发展提出的各项建议。姑且不论意见可行与否,毕竟孩子们是在用心思考。尽管有些建议略显稚嫩或是异想天开,但父辈们也不要轻易地否定,否则极容易挫伤他们的积极性和自信心。正确的做法是两代人心平气和地坐下来,父辈先聆听,后给出意见,把孩子们的建议按照轻重缓急和先易后难的原则逐一解决。这种方式的结果显然是双赢,既解决了企业发展问题,更有助于孩子们实现成就感,获得信心鼓励。

"说起来有点戏剧性呢。"章小姐笑得有点诡秘。

"老爸说我刚回来不久,又是新的工作,希望我多了解情况。他需要时间来考虑我的建议,因为制度的变动涉及面比较广。我本以为就这样被他否决了呢,然而接下来的事情就有点戏剧性了。突然有一天他告诉我今后工作要先向行政总裁汇报,当时我的理解就是要按照企业的规矩开展工作。现在我明白他的用意了,当遇到重大的问题时,他不想在我们父女之间产生争论,而是将其摆到公司管理层面上讨论决定。我觉得父亲已经进步了,起码比过去民主多了。后来,我把制度改革方案交给了行政总裁。没过多久,老爸就召集管理层开会讨论了。我现在还只是部门员工,既不是管理层又不是董事,所以没资格参加。后来,公司就颁布了新的行政管理制度,尽管只是我建议中的一部分。"

女儿眼中的父亲

"能谈下你父亲吗?我之前听过他的演讲。"章父的勤奋在业界有口皆碑。

几年前，我曾在某个经济论坛上听过他的发言，他当时的身份是企业家代表。我印象中的那些企业家们，尤其是年龄偏大的群体，尽管他们经营能力很强，但大部分因文化程度不高致使他们的理论水平有限，在大庭广众下的发言，多是照本宣科地将演讲稿平铺直叙地念完。但章父却独树一帜，登台没多久便脱稿侃侃而谈。无论是在解读国家政策走势，还是在分析微观的区域行业发展上，都是有理有节，滔滔不绝，甚至经济学中的专业术语也多次被他信手拈来，这让我颇感意外！这样的水平完全不亚于国内商学院里教授们的功底。

"我觉得你父亲理论水平很高呀，不像个做实业的。"这是我的心里话，并无恭维之意。

"是的。他每年要参加很多的论坛，现在更像个经济学家了。有机会你最好多听几次，我跟他学了不少哩。他也是我见过的最敬业的老板！前几天还说要工作到80岁才肯退休呢。"章小姐笑着说。

工作到80岁？！难道他要做现代版的李嘉诚、王永庆吗？到那时，章老板的儿女们也要到退休的年龄了呀！近些年来，老一辈企业家迟迟不肯退休的故事屡见报端，宗庆后便是其中的代表。虽然我们不能贸然揣测其中的原因，但如此年纪的老者能否克服肌体的侵蚀和时代的变迁，还是让人放心不下的。尽管有些已经未雨绸缪，早早定下了各种预防攻略，但是事实告诉我们，计划总是没有变化快。纵是设计再为缜密的预案也不能成为包治百病的灵丹妙药，而且谁能保证届时还会有儿女在等待呢？诚然，耄耋之年的李嘉诚仍在勤奋工作，同时他在两个儿子之间的家财分配方案更被研究者奉为葵花宝典，但在芸芸现实世界里，终能有几人能够做到？更要命的是，伟人的成功之道通常是很难模仿的，并非放之四海皆灵；简言之，也就是人家能行，但到了你身上，结果则很难说。所以，对于章父的退休规划，我认为这并不是明智的选择。

看到我一脸的茫然，章小姐似乎也有些无奈。

"前些年老爸的事业发展太快了，太多事情等着他。现在企业正在转型；弟弟才刚工作两年，没有什么管理经验，而且还很贪玩，现在被老爸派去了国外的分公司工作。老爸每天总有忙不完的工作，很辛苦，这就是我和弟弟回来的原因。有时真是搞不懂老爸是怎么想的！"

这或许就是两代人的认知差异。章父当年之所以选择创业，脱贫致富应该是初衷。随着事业发展，在惯性之下他是很难停下脚步的。在大多数一代人的眼里，企业就如同自己儿女一般，无法割舍，更难以轻言放弃。然而，子女们是很难理解父辈们这种情怀的，他们多会抱怨他们的固执和守旧。在不同的时代背景下，两代人的"三观"难免会出现差异。孩子们没有经历贫穷岁月，没有经历过创业的曲折，更没有经历过企业的风风雨雨……他们踏入社会后就感受到了铺天盖地的互联网、PE、投资等完全不同于实体产业的虚拟经济。更何况，在孩子们大学专业选择上，父母们历来缺乏创意，在我的调研中发现超过 60% 的孩子遵从父母的意见而选择商科！在多种因素叠加下，很多孩子不愿意回到家族传统的制造型企业中来似乎正成为某种必然，而且这个比例还在增长。这已成为父母们最为担心的事情。即使能够回归，与上代人的磨合过程也是漫长和曲折的。在后来的调研数据汇总中我们得出：将近七成的受访二代认为父母不放权或有限放权是阻碍他们接班的重要因素。

章父对事业的孜孜不倦的追求固然令人敬佩，但我还是建议他放弃工作到 80 岁的念头，我最大的担心是在将近 20 年的剩余时间里，姐弟两人是否还有信心等待？

企业发展

"企业未来如何发展？"这本是很有挑战性的话题，但章小姐应答得很从容。

"我第一次回来不久，老爸就开始筹备转型了。在扩大原有制鞋规模的同时，开始向服务业发展。他先后兴建了两个工业园，为进驻企业提供综合配套服务，情况不错，实际收益好过预期；在传统业务方面，虽然我们有着较强的议价能力和产能空间，但对于外销企业来说，很容易受国际市场变化的影响，而且我们无力掌控，尤其是汇率波动和政策变化；再加上这几年国内生产成本连年上涨，造成现在的经营压力很大。尽管我们强化内部成本控制，但这终究是有限的，所以目前最紧迫的工作就是如何培育出更多优质的客户，通过接到更多的生产订单来降低成本。另外，厂里还面临管理层年轻化的问题，老员工占到了大部分，外聘的专业人才不多，人员流失情况比较严重，同时我发现其中有些老管理干部的管理观念已经僵化了。我觉得传统制造业的创新强度虽弱于那些科技企业，但是过于老化的管理团队会使企业变得很官僚，效率也不高。所以我准备向老爸建议将来要培养提拔一批青年管理人员。"

在对待老员工问题上，我部分赞同章小姐的观点。老员工对企业的贡献不容置疑，但一朝君子一朝臣同样是事实。对于即将"上位"的二代子女来说，如何看待老员工的作用和未来成长空间，如何默契配合和优势互补，这着实需要大智慧和大格局，同时更要照顾到一代人的情感。

接　班

"你考虑过接班吗？"我单刀直入。

"这个呀，怎么说呢，说没考虑过那是假的，但我很犹豫……"章小姐若有所思，欲言又止。

我在调研中发现：在接班问题上，每个孩子都不可能没有想法，男女都一样，我更想触摸下女性二代的内心世界。

"其实，这是老爸、我、企业三者之间的事情。但最后由谁来继承，这是老爸决定的，不是我想要就能要到的，何况还有个弟弟；对我自己来说，首先是个女人，家庭和孩子是第一位的；其次才是工作。如果老爸选择我来接班，我必须做到工作和家庭的兼顾和平衡，否则会很辛苦，也不见得有多快乐。另外，我一定会为企业聘请职业经理人。对于企业，我是有感情的，如果说有多么的热爱，那是假话，我还没达到老爸的那种境界，但我始终认为那是一种责任。我至少现在还不会考虑接班，因为还年轻，欠缺的东西太多，财务方面的知识就是我现在最大的短板，因为资本的力量在将来会越来越强大；另外，老爸把权力看得太紧，尽管已经给了我和弟弟机会，但是几乎没怎么放权，不在其位不谋其政嘛，没有应有的权力，就像捆住手脚一样，想动也动不了……"

传承规划

"现在您父亲是怎样规划传承的？"我坚信每一个企业主心里都曾盘算过，只不过想多想少罢了。

"老爸是个传统的人，他是不会轻易把工厂交给外人的。他今年快60岁了，百年企业是他的梦想，他每天都在朝着这个方向努力。但他从未明确说过要把企业交给谁，反正他不说我们也不会问，我没想过太多，还不如把目前的工作先做好。我和弟弟现在都在厂里上班，我们都清楚他在想方设法地培养我们，只是弟弟太年轻了。至于老爸有什么规划，我想他目前应该没有；即使有，现在也不会告诉我们。"

"相信你能做好的！"临别，我由衷地祝福她。

感悟与总结

女儿的成长

章小姐是我接触到为数不多的女二代中的佼佼者,这是父母的幸事。她在积累丰富工厂管理经验的同时,很有自己的主张。分析问题既有深度,也不偏激;同时对宏观经济面也有深刻的理解。相信假以时日,经历更多打磨后,她将会成为一名优秀的企业管理者。

父亲的转变

从对待女儿的制度改革建议上,章父是聪明的。他巧妙地提醒女儿要按照企业里的规矩工作,必须要融入现有的管理体系;同时又借集体决议的方式实现了女儿的部分正确意见。如此一来,既化解了父女之间因意见不一而可能出现的冲突,同时又在高层团队中无形传递出女儿的才能,这必将有助于其日后树立权威。相比之前章父"一言堂"的传统习惯,这种方式无疑是明智的。但在现实生活中,并不是所有的父母都能做到。总之,父辈们要通过各种方式鼓励孩子们参与到企业管理中来,不要怕做错,上代人的工作就是纠错。

关于放权

一代人手中的权力包括管理权和所有权,这些伴随着子女的进步和父辈们逐渐老去,迟早都会发生转移,只不过是速度快慢不同罢了。传承的过程实际上也是权力交接的过程。如何让父辈们交得更快,交得放心,关键在于子女们的成长表现。当然,不排除有些父母对权力过分留恋,想更多地通过企业和思想"控制"儿女,显然这是不明智的。子女们必须在了解父母不放权的原因的同时,通过努力工作和深度交流来抵消他们心中的不安全感,而不是一味地抱怨和等待。在研究中我惊讶地发现:子女们抱怨得越多,在他们的自信心日渐消退的同时,父母的放权时间也会拖得越长。所以我建议,正在接班路上的二代们，不要对父母寄予太多的"渴望"，只有交出优异的成绩单才能证明自己，才能获得父母、兄弟姐妹、企业和社会的认可。

女婿接班？

关键词：独女　父业　准女婿　规划

采访人物：小林（创始人准女婿　现为某机械设备集团销售部经理助理）

女婿传承

在中国的丈母娘眼里有"一个女婿半个儿"的说法，但在家业传承上，则多为嫡亲儿女继承，鲜有女婿接班的故事。这主要缘于外界对女婿接班普遍持有偏见，认为他们多是动机不纯，更像是不劳而获，但这对于膝下无子的企业主们来说却是不得不面对的现实问题。

根据胡润去年发布的数据显示：在目前A股家族企业中，超过4%的企业女婿已经担任公司要职，其中哈尔斯股份（代码：002615）便是其中典型的例子。现任董事长吕强夫妇已经将部分股份转让给两个女儿和女婿，其中两女婿各自持有4.5%的股份而成为公司董事。随着接班二代人数的增多，相信会有越来越多的女婿成为岳父们的准接班人。尽管企业主们普遍"不相信"除女儿之外的任何人，但这已经成为不争的事实。

一衣带水的东瀛家族企业数量众多且历史悠久，据统计，超过一百年经营历史的企业超过2万家之多，其中超过500年的就有30多家。这些企业是如何在时代的更迭中延续下来的呢？这与日本独特的"家文化"有直接的关系，婿养子便是其中的"奥秘"之一。"宁可要女儿也不要儿子,因为有了女儿我可以选择儿子。"这是三井集团创始人三井高俊的"歪理邪说",他通过女婿改为妻姓的方式并以养子的身份继承家业,从而确保三井家族一代又一代地繁衍下来。尽管中日两国同受孔孟儒家文化熏陶,但是在讲究面子和男性主义的中国社会环境下,这种方式并没有市场,因为这有失女婿颜面。"淮北为枳,淮南为橘",我认为日本这种纯粹意义上只为了保持"家名"的做法在中国缺少生存的土壤。如果女婿们有意愿也有能力,不用更名换姓,照样可以把岳父的产业经营得红红火火。

家　业

牛老板是东莞一家机械设备制造公司的创始人,早年是村委会的一名干部,精明能干,后下海经商。先从改装维修小型农机具开始,一路小打小闹,勉强维持;后来,他参与到小型木工机械设备的装配和维修行当。由于定位准确,加上当时的市场行情又好,几年时间里生意便突飞猛进。之后,他便圈地建厂,告别了简易车间,搬进了新厂房。牛老板虽然没有太多的文化,但他坚信科技就是生产力,他非常看重技术的力量,先后花大价钱从上海、南京等地请来技术专家参与产品开发和生产定型,逐步缩小了企业与领先对手的距离。经过十余年的艰苦成长,牛老板的企业现已发展成为国内知名的木工机械专业生产厂家,其产品质量和功能在广大用户中享有极高的口碑。

女　儿

"美中不足"的是,牛老板家里人丁不旺,夫妻俩只有一个老实乖巧的女儿牛小姐。牛小姐是 85 后,作为父母的掌上明珠,虽是富家女,却并没有被娇生惯养,反而是勤奋上进的好学生。高中毕业后她顺利考入了北京一所知名理工大学。四年本科生活结束后又获得学院的保研机会,毕业时顺便把工程硕士男友一同打包带回了家。他们俩在大学里同为学生会干部,因此定下情缘。征得父母同意后,两个年轻人便一起进入了牛老板的企业里工作。女儿被牛老板安排在财务工作,男友则在售后服务部,成为了一名技术服务工程师,在此将其称为小林。

小林是地道的北方人,家有兄妹三人,其下尚有弟妹各一。今年是他来准岳父工厂的第三个年头了,两人计划明年结婚。其工作已经由售后工作转入售前,现在他是销售部的经理助理。

未来女婿

我是在初冬的一个午后见到小林的,他刚从外地出差回来,风尘仆仆的样子,瘦高的个子,鼻梁上架着一副眼镜,看上去有些憨厚。因为此前已经在电话中说明了来意,所以简单寒暄后,我们很快就进入了正题。

"当初为什么选择来广东?"虽然我相信爱情的力量,但对于一个刚走出校门的北方小伙来说,千里迢迢地南下,这的确需要不小的勇气。

小林显然对这个问题准备不足,略有局促。

"毕业前,我是打算继续读博的。但小牛非要我跟她回来,所以我就过来了。"憨直的北方男人世界里明显少了些浪漫和诗情画意,表达得简单明了。

"其实,父母当时是不太同意我来广东的。毕竟离家这么远,我又是家里的长子,无法照顾到弟妹;而且他们也不看好我们最后会走到一起,所以还是希望我将来在家乡就业,我很能理解父母。小牛是不可能跟我回到北方的,毕竟她家里只有一个女儿，如果硬要把她留下，那太残忍了。反正我家子女多，弟妹们同样会照顾父母的。毕业前一年，我还来过她家。她父母对我挺好的，还参观过牛叔的工厂，因为我是学机械的，对他的产品设备不陌生。"小林接着又补充道。

"目前工作生活情况怎样？"小林已经在牛老板的工厂工作了三年多，我想知道他的成长历程和体会。

"其实，这几年正是企业发展最快的时期。去年，主打产品又更新换代了一茬，技术含量上提高了许多。刚进厂的时候，我负责售后部的技术服务，工作量不是很大，所以我有更多的时间和机会了解工厂的运作情况和其他同行的产品，我还借着参展的机会接触到国外发达国家的先进设备，对我启发很大。这几年，我感觉自己在技术方面积累了很多。"谈到自己的专业，小林信心满满。

"这里的气候、饮食和生活习惯和北方相差实在是太大了。起初很不习惯，不过我的适应能力很强，现在已经把自己调整得差不多了，就剩下白话（方言：粤语）还不会说了。牛总一家人在生活上对我很照顾，我已经把这里当成半个家了。"小林不好意思地笑着说。

小林在"牛叔"和"牛总"两个不同称呼之间来回切换，虽然指向同一个人——"准岳父"，看来他对自己的定位还是很清晰的。

"能介绍下你的新工作吗？"考虑到小林的"特殊"身份，他仅有技术上的优势还是远远不够的。

"在技术上我应该没什么障碍了。转做销售之后，感觉现在的压力很大。之前我主要是与机械设备打交道，接触面比较狭窄。从事市场工作之后，明显感觉到自己在市场推广、谈判和应酬、部门管理上有些力不从心，需要学习的东西实在是太多了。牛总没有给我太多的压力，也很少过问我的具体工作，但我每天要向部门经理汇报工作进度。经理是厂里的老员工，听说建厂时就是牛总的搭档。他对我很关照，工作上教会了我很多东西，我很感激他。我现在最需要提高的就是管理知识，我准备明年参加经济管理类的课程给自己充充电，提高一下管理能力。"

"将来有着怎样的打算？"我更关心他和牛小姐修成正果后的"角色"转换。

小林是个聪明人，很快就读懂了我的本意。短暂的沉默之后，他的语气随之坚定起来，显然他很在乎男人的尊严。

"最近的打算就是明年结婚，接下来就是要小孩，毕竟我们已经快30岁了，两家的老人们已经在催了，这两件事必须要在30岁之前完成，所以说任务还是很紧迫的。至于将来怎样，我没有想过，我们俩也从未认真讨论过这个问题，牛总更没有当面提起过。所以，作为企业里的一名员工，我现在只想把自己的工作做好，创造出更多的价值，这才是最重要的。至于其他，只能是顺其自然了。打铁需要自身硬，男人只有靠自己本事吃饭才是硬道理。"

可见，小林是个自尊心很强的年轻人。尽管是因为爱情而选择了加入到牛总的企业，但他并不愿意被外人过多地评价为是靠女婿的身份吃饭，而是更想通过个人努力来证明自己的能力。我想作为男人，绝大多数都会毫不犹豫地选择后者。

"能评价下牛总和你的未婚妻吗？"我想知道未来女婿对岳父的了解，毕竟翁婿之间是家庭中最特殊的关系，更是最脆弱的一环。如果两个男人之间做不到互相欣赏，则很容易诱发矛盾。

"牛总是个低调务实的人，非常敬业，他对企业有着深厚的感情，不止一次地对我们说过要发展成为像德国西门子那样的优秀百年制造企业。但他对于未来设备数字智能化发展趋势认识不足，尤其是在人机互动方面。我曾就此向他提出过建议，他最后也采纳了，计划明年迪拜展后，尝试与国际上知名的制造商合作开发新产品。我很了解小牛,她做事很认真,现正在深圳参加财务管理培训。牛总正在考虑将来上市的可能性,她会负责财务管理工作。"对于将来的家庭成员,小林的评价似乎有所保留。

末了,小林热情地邀请我参观了工厂。尽管只是走马观花,但标准化的制造车间,员工有序工作的场景,还有厂区整洁的环境,都给我留下了很深的印象。

感悟与总结

毋庸多言,这对年轻的夫妇将来很有可能接班。结合本案,我的意见如下:

准岳父的"不为"

为"保险"起见,牛老板并没有给婚前的女儿和女婿关于未来的任何允诺。或许只有当两个年轻人的婚姻关系通过法律的形式固定之后,牛老板才会放心地有所动作,接下来小林的工作将会有另外的调整安排。凡事计划没有变化快,正是出于这种"安全"方面的考虑,牛老板才选择"有所不为"。这很容易让人理解和接受。

《接班女婿》的启发

前两年热播的电视剧《接班女婿》,讲述的是一个岳父考验三个女婿的故事。身患绝症的岳父在临终前心系自己的老岳父,打算将老人家托付给自己的女婿。当他即将撒手人寰的那刻才明确接班人选时,三个女婿终于明白了岳父的用心良苦。尽管该剧强调的更多是忠与孝,但我们不难发现这同样是一个考验女婿"传承接力"的故事。本案中,牛老板虽然不会挖空心思地考验未来的女婿,但他一定会不遗余力地通过各种手段来检验、培养、审视未来接班人的耐心、品德和能力。毕竟牛老板要为自己的女儿和企业负责,在这个问题上,我相信所有的准岳父们的内心是一致的,不论是选择成为上市公司还是维持家族式经营，在挑选和培养接班人问题上丝毫马虎不得。

企业的"不适"感

家族企业由儿女接班，是一件顺理成章的事情，因为社会已经默认或习惯了这种模式。但对于选择女婿作为接班人，尤其是空降兵，我相信企业内部的许多管理干部会表现出某些不适感。他们通常认为继任者不是靠个人能力和人品胜任的，而是借助老丈人的裙带关系，这难免影响到部分人的工作积极性。我认为，出现这种不良的反应其实是很正常的，但不能因此过于纠结。因为在家族内部，无论是子女，还是女婿或儿媳，如果具备能力和接班意愿，他们应被赋予同等的继承机会，而不应受到传统观念的束缚。他们则需要通过长期的企业基层工作，在逐步增强对企业情感和与员工交流的同时，摆正自己的位置，用好手中的权力，才能获得广大员工的认同感；另外，他们还应通过自身的努力和行动为企业创造出更为广阔的市场成长空间，这样才能逐步抵消企业的不适感。

女婿的成长

女婿的身份比较特殊，与企业高管之间也存有微妙关系，只有通过个人的快速成长和业绩贡献才能让自己获得认可并树立起权威。本案中的小林，尽管已是岳父手下的优秀技术人才，将来更是推动企业科技进步的重要力量，但这还远远达不到成为复合型管理人才的"技术"标准。鉴于此，牛老板将准女婿推到市场前线，可谓是用心良苦。假以时日，小林通过勤奋好学和情商磨炼，相信很快就会有"出头"之时。总之，他要用自己的那句话"打铁需要自身硬"来证明自己，烂泥巴毕竟是糊不上墙的。

传承计划

对于未来的传承安排，我相信逐渐老去的牛老板不会是无动于衷的，他一定在内心深处精打细算，只不过一切尚处在不确定的徘徊中。如果他有个能干的儿子，或许根本不用如此惆怅。对于传统的老一辈企业主来说，在家族内部实现承上启下始终是首选。对于未来，牛老板虽有足够的时间和耐心，但在传承设计安排上我不主张拖延的时间太长。因为长期的研究中我发现，对于那些学识越多、能力越强的子女，他们有更多的事业选择机会。如果在传承问题上左右摇摆和缺乏明确方向，很难保证他们会等待。既然女儿和女婿都选择留在牛老板身边，他就应该尽早明确企业未来的发展方向和传承规划，其中的好处是显而易见的。首先，可以让女婿消除后顾之忧，专心致志地按照岳父的培养计划亦步亦趋地成长；其次，调动企业里的资源，配合培养计划的顺利完成，既可以加深这对年轻夫妻对企业的情感，又拉近了他们与员工的距离，从而在潜移默化之间实现了两代人的权力交接；再次，通过明确的培养行动，翁婿之间在频繁的互动中，不但增强了家庭成员之间彼此的了解，还进一步成就了家庭和谐。

总之，在 20 世纪的计划生育政策之下，造成了家庭内部的人力资源的短缺，这使得部分企业主面临选择无奈。加之传统观念作祟，更使得他们忐忑不安。正是因为对企业无法割舍的情怀和内心中的种种不安，那些只有女儿的企业主更加期盼一个能干而又善良的女婿出现。其实我在采访中就已经隐约感到小林正朝着这个目标前进着……

收购家业

关键词：炒股　收购父业　创业　做开心老板

采访对象：江先生（创始人独子　某塑胶制品厂总经理　新媒体创始人）

前　言

顺利地采访到江先生，缘于暨大同学的牵线。

对于同学的热心推荐，我多少有些顾虑。因为粤南的家族企业大多传统且低调内敛，一般不喜欢外界过多打搅；同时家业传承问题过于敏感，他们更是不愿意多谈，除非是彼此谙熟的关系。所以，若要采访到高质量的样本，并不是一件容易的事情。

对于陌生的采访对象，我通常是很谨慎的，行前一定要做足"功课"。我先是在互联网上仔细浏览了他的企业情况，接着完善了即将开始的访谈内容，准备妥当后才拨通了江先生的电话。电话那端是个爽快人，很快我们在电话里约定了见面时间和地点，后互加了微信。

初　见

出发那天，恰逢东莞寒流来袭，气温陡然下降了许多，并夹杂着秋雨，凉意甚浓。高速公路上车很多，飞驰而过的汽车夹裹起来的雨雾飞溅到挡风玻璃上，我不得不降低了车速。两个小时后，我才赶到江先生的工厂。

距离约定见面的时间还有一会儿，我好奇地打量着工厂。中等规模，车间和办公区错落有致，布局紧凑；厂区里绿树成荫，环境整洁有序，井井有条。

靓丽的前台小姐把我引到江先生的办公室。他个子不高，平头短发，一身简单的休闲装打扮，说话很随和。或许是校友的缘故，我们初次见面便有一种莫名的亲密感。趁着他洗杯泡茶的工夫，我四处打量着。办公室宽敞通透，窗明几净；复古的中式家具平添了许多厚重和朴实；书柜上摆满了各式琳琅满目的奖章牌匾。

品过几盏略带陈香的普洱茶后，没等我开口，江先生便率先打开了话匣子。虽然他的普通话并不标准，但思路清晰敏捷，语速很快，时不时夹杂着广式的方言笑话。

回归家业

江先生在暨大读书时比我低两级，算是师弟，今年正值不惑之前。他所学的金融专业在当时非常冷门，少人问津。孰料到，正是他误打误撞的选择居然成就了后来对父亲企业的收购，这是后话。

毕业后，他放弃了银行、证券公司等热门工作，一头扎进了父亲的工厂。当时，像江先生这样有胆识的人真不多。

"当初为什么选择回来？"我好奇地问道。

江先生平静地回答："其实并没有什么，那时老爸的生意不太好，只是想回来帮下他。毕业前我曾说过想要回来工作，他很高兴。"体恤父母，渴望为他们分担辛劳，这是大部分二代青年们的共同心声，而不是哗众取宠。

江父原是国企的技术工程师，后在 20 世纪 80 年代末辞职创办了这家塑胶制品厂。前十年，企业虽历经起伏，但也发展平稳，儿子回来时，年产值在两千万元左右。而今天，在江先生的带领下，工厂的年营业额已经达到两亿多元，做到了工业用包装带产品亚洲第一的规模。

江先生的工作起点是从车间开始的。凭借着良好的悟性和埋头苦干的精神，他很快就从一线员工中脱颖而出，逐渐成长为班长、车间主管。待到掌握生产工艺后，他便参与到技术当中，与研发人员一起参与新产品开发和设备改造；后来，他又转入销售部，从事市场推广工作。在这五年多的时间里，生产、技术、销售等岗位，他几乎走了一个遍。

炒股赚钱

在财富积累方面，江先生不同于其他二代，正如开篇所说，他的专业知识发挥了意想不到的作用，很快帮助他积累起了"意外"财富。由于当时金融专业人才稀缺，毕业后没几年，班上很多同学就已经成长为各大金融或证券公司的骨干力量，在他们的怂恿下，江先生开始炒股，他从父母手中借出一笔钱后便投身股海。在同学们的点拨下，他很快就赚到了人生中的第一桶金。此后，他一路稳扎稳打，运气也不错，在牛市中挣得了连自己都惊讶的财富！

买断企业

提到那几年的快速成长，江先生说正是得益于父亲对他的"无为而治"。父亲多在侧面加以点拨和引导，很少干涉到他的工作。千禧年之后，由于父亲的精力转移到商业地产开发项目上，索性就把工厂扔给了他。但江先生并不满足，渴望有自己独立施展的空间。与父亲多次商量后，他便拿出自己的全部身家将父亲的工厂买下！一夜之间，波澜不惊之下，江先生完成了企业收购，成为新的主人，同时更以一种令人意想不到的方式实现了对家业的继承。

蓬勃发展

令我惊讶的是，江先生居然是家中的独生子，这的确有悖于广东家庭中根深蒂固的多子多福传统观念。正是这种独特的身份，使得江家省去了家业传承路上的诸多纷争。但我对此还是有些顾虑，如：单一性的独子情况容易导致家族人力资源变得稀缺，父母的别无选择性，等等。但江先生通过个人的努力很快就证明了自己的能力，而且不久后还开辟了新事业。

"财散人聚"

江先生自豪地说，收购企业后不久，他便为员工宿舍安装了空调，而且电费全免，成为工业区里的先行者。他认为员工不论级别高低，年限长短，都是工厂的主人，应该享受到企业成长的福利。只有这样，员工们才会对企业有认同感。他还会主动借钱给有需要的员工，帮助他们实现买房置家的梦想。目前，全厂约有七成以上的员工在工厂周边的镇区置业。他说自己之所以这样做，并不是为了作秀，而是要真正做到关心员工。

"虽然我是老板，但钱却是大家一起辛苦赚来的。赚了钱就要分给大家，不能一人独享。必须要让员工们过上更体面的生活，他们才会有归属感。这就是'财聚人散，财散人聚'道理。"

技术升级

江先生非常清楚知识的重要性，只有建立高素质的人才队伍，企业才能从容地迎接各种挑战。正是得益于高水平的管理团队，在短短几年内，企业便相继完成了生产线改造和技术升级，从最初的半机械化到全机械化作业，后来迈进到全自动化时代，再到今天的全数字化工厂。随着生产效率的大幅度提高，产能被彻底释放出来，生产成本却逐年降低。在低成本的优势下他们逐步掌控了同类产品的市场定价权，工厂报价始终处于市场的最低端，从而成为名副其实的价格杀手，市场占有率名列前茅。

管理提升

作为传统的制造业中的一员，若想走得更远，江先生认为在实现技术升级的同时，必须借鉴西方先进企业的现代管理经验。同时他还引进了各种系统化的管理平台工具。实现数字化管理后，通过互联网平台管理业务的模式取代传统销售方式则成为可能。尽管新模式充满了各种质疑，但经反复磨合后，工厂很快就收获了回报。一年之后，线上的业务总量全面超过了旧式的线下接单模式。2016年5月份，传统的销售部被裁撤，全部变为线上销售。江先生自豪地说，半月前"双十一"那天的下单量已经排满了工厂两个月的生产任务；希望即将到来的"双十二"，争取把订单量接到明年的3月份。

老员工

江先生完成收购后，老爸就全身而退了，多数当年和老爸"打江山"的老员工选择留了下来。虽是"一朝君子一朝臣"，但江先生很珍视他们，鼓励老员工们在工作上做出表率的同时，要尽可能地跟上企业的发展步伐，否则就容易被跃跃欲试的年轻员工所超越。

"实际上，两年之后，大部分老员工们就陆续退潮了。"江先生感慨地说。显然，这些老员工的先后退出，多少有些悲怆和落寂，毕竟时代不同了，两代人之间的管理风格和经营理念不同，如果他们不能及时调整，将很难适应。"尽管我做了各种努力，甚至是调换工作岗位，但有些最后还是离开了，每个人都得到了相应的离职补偿。"大自然的新陈代谢同样适用于企业经营中，只有这样，事业才会推陈出新。

众人划桨开大船

在我接触到的家族企业里，每家至少都有两名以上的近亲属，否则就是枉为其名。然而，江先生的企业却是另类。除他本人之外，工厂里居然再也找不到其他的近亲属了，所有员工都是对外招聘而来，就连关键的财务部也没有自家人的影子。江家的企业似乎变了"味道"，财务、采购等核心岗位居然都要拱手让与外人，这些的确使人无法想象，在之前的调研中我没有遇到过类似的情形。即使有些开明的企业主能够做到充分授权或放权，若没有极特殊的情况下，财务部始终是要牢牢抓在自己人手里的。

"你是怎样做到的？"我有些怀疑。

"我们是再普通不过的制造业，同类产品在市场上已经出现60多年了，行业进入门槛不高，也没什么技术秘密可言。现在工厂已经实现了数字化生产和管理，各项数据每天都会自动更新，一目了然。我现在要做的就是把各项制度设计好，选好人，选对人，信任他们，交给他们做就好了。现在施行的是三级扁平管理，我虽是总经理，但很少过问具体事务。除重大决策之外，管理权限均下放到各部门，由经理负责。"江先生侃侃而谈。

相比较于那些每天不辞辛劳的老板们，江先生实在太潇洒了。如果有一套科学完整且系统化的管理制度作为依托，企业很容易进入正常轨道，不见得一定非得启用自家人，企业照样运转良好，甚至还有可能把家族内的其他成员从中解放出来，去做一些更有意义的事情。

创 业

在我的研究中发现：即便是成功接班的二代，他们在将企业带到新的高度后并没有表现出太多的成就感，而是将成功的原因归功于上一代人的无私支持，同时，更加渴望自我实现，走一条真正属于自己的事业之路。

在将竞争对手甩开之后，江先生陷入一种无名的孤独中。他已经做到行业内的领袖了，所要做的事情就是超越自我。他说那段时间里总是惦记着尝试新的事业方向，但总也找不到突破口。

正如牛顿发现"万有引力"一样，江先生的创业灵感来自于一次偶然的体育聚会。他喜欢踢足球，一次比赛结束后，当听到队友们感叹道"要是能够在手机朋友圈里直播就好了"这句话时，一下子激活了他的灵感！为何不把这些比赛植入手机直播呢？就像CCTV5转播世界杯那样，晒一晒队友们球场风采的同时，或许还有更大的商业空间呢。在互联网技术无所不能的今天，很多事情都有可能变为现实。他把工厂交给了管理团队后便开始了互联网传媒项目创业。在技术上，江先生并不是一穷二白，当年工厂数字化改造时他就已经组建起了一支实力过硬的技术队伍。自2015年末开始，他先后投资近千万元，进行了公司平台搭建和技术团队升级。经过半年时间的摸索，他的新传媒项目很快就形成了战斗力，并进入实质性商业应用阶段，而且还在各项创新项目大赛中屡屡获奖，引起当地政府的关注，并获得科技奖励资金。凭着影响力的扩大和旺盛的人气，前不久还引来了某知名投资机构的关注，准备投资入伙。

谈起他的创业项目，江先生踌躇满志地说："现在的互联网技术发展太快了，每次革新都是颠覆性的，同样也催生出更多的商业机会。希望再过五年，我们的新媒体项目能够发展到百亿的规模。"

"如果做不到呢？"我对此产生了怀疑，毕竟他才刚刚站稳脚跟。

"那我就只有退休喽。毕竟尝试过了，我没什么可遗憾的了。"江先生笑着说。

"这么早就开始准备退休了吗？"我认为这只是他的笑谈罢了。

"是的，我的孩子还小，想多陪陪他们。做老板也不一定非得那么累吧？！"江先生反问道。

50岁不到就开始规划今后的退休生活，江先生未免退得太早了吧？华为教父任正非40多岁时才开始创业呢。我曾访问的许多一代企业家，他们的年龄大多在50—60岁之间，其中绝大部分仍像当年创业一样坚守在工作岗位上，固执地痴爱着他们的企业。其实，大部分的国内私企老板们内心里是很"苦"的，不仅要面对外部经营环境的持续变化所带来的经营考验，还要应对企业转型升级和代际传承的双重挑战。如何在国际一体化的市场竞争中持续发展，如何将自己一手缔造的企业安全地交到继任者手中，这些问题时刻都在考验着两代人的智慧和耐心。在诸事纷扰中，与其总是让自己陷入每日的忙碌当中，不如让自己生活得轻松愉快，这正是江先生所追求的。

随着畅谈的深入，江先生的轮廓逐渐在我脑海里清晰起来。与其他二代青年们相比，他应该算得上是优质人群中的代表了。

接下来，很自然地谈到了他对子女的培养。

子女培养

与父亲不同的是江先生夫妇养育了四个孩子。最大的女儿十岁，最小的则未满周岁。提到孩子，他的脸上荡漾着幸福。当我问到如何教育子女时，他泰然回答，全然不像个当年学霸。

"两个孩子正在读小学，成绩一般。自上学的那天起，在成绩上我从来对她们没有什么要求，只要努力就好，快乐地学习和生活是最重要的。"

现在孩子们的学习压力很大，竞争在小学的时候就已经开始了。我有个正在读中学的儿子，很清楚他们学习状况。尽管学校和家长都异口同声地聒噪着如何让孩子们快乐读书，实则都在暗自较劲，在学习上加码加量。

"现在孩子们学习很苦，甚至超过我们那一代，但实际上并不是每个孩子都能在学习上有出息，我更希望他们快乐、健康地成长。至于将来如何发展，那就要看他们的兴趣选择了，而不是我所能决定的。如果将来他们愿意回来，我当然欢迎了；要是不回来呢，我也不勉强，但会分给他们股权，让孩子们自由选择吧。现在工厂的管理团队已经做得很好了，不用我太多操心。"

江先生之所以如此坦然地面对企业的未来，我认为他的信心基于以下三点。首先，四个孩子是他的希望，正是有着如此充沛的人力资源储备，他变得从容不迫，完全有足够的时间选择其中最适合企业的其中之一；其次，正是出于对企业发展规律的清晰认识和对孩子未来选择的尊重，他更倾向于通过打造一支高效率的管理团队带领企业发展；再次，在企业股权问题上，他希望能够通过控股的方式来管理企业，这样既可以解决子女之间的资产分配问题，又可以排除对他们的束缚。

在所有的被采访者中，江先生是最年长的，不但是其中极少数顺利完成接班的二代，而且还是个不折不扣的创二代，更是个已经开始考虑第三代传承的上一代人。访谈末了，他是这样寄语二代的。

寄语二代

"时代不同了，现在的年轻人都有各自的想法，与上一代人在思想上差距太大了。当年老爸经商的目的就是为了脱贫，让我们过上好日子。现在年轻人想得更多的是如何创业，外面的诱惑也太多了，这样使传统意义上的传承变得复杂起来。金钱、地产之类的财富很容易传给下一代人，但如何继承企业则有些困难。强迫孩子接班是没有用的，关键是要看他们的兴趣在哪里。如果对家族企业没有兴趣，即便是接了班，企业也未必发展得好，倒不如交给更专业的人去打理。"

"如何培养年轻人呢？"我更关心这个现实的问题。

"通常情况下，顺从性强的孩子都会加入到家族企业中来。首先要清楚他们回来的动机，这点很重要。父母不要急于给他们安排工作，这样他们会看不清自己。最好先把他们放到基层去锻炼，踏踏实实地了解企业和市场。只有这样，他们才能更清晰地认识企业，培养对企业的感情。如果刚回来就进入管理层，这不是一个很好的选择，并不利于他们的成长。如果有条件的话，最好工作过一段时间后到外面的企业里工作，学习一下对方的管理经验。"我比较认同他的观点。数据显示，83%的企业主选择基层作为子女培养的起点。

送孩子出国读书已经是富裕家庭的必选之一，而且日趋低龄化。江先生却不主张过早地将孩子们送出去，他认为：在世界观和价值观培育阶段，孩子应该多学习一下中国文化，毕竟根在中国，我们的传统文化还是博大精深的。大学阶段是可以考虑的。在专业选择上要尊重孩子们的兴趣，家长不能越俎代庖，否则他们会有抱怨。没有了兴趣，能快乐地学习吗？据我在调研中观察，学业未尽就回国的孩子不在少数。实际上，并不是所有出国读书的孩子都能够学有所成。

时间过得飞快，不知不觉中两个小时过去了。我起身告辞，江先生送我下楼。握手说再见时，我抬头看到张贴在办公室大门两侧的一副对联："学管理树百年基业，大家争做开心老板"。虽对仗不甚工整，但却是江先生治家治业的真实写照。现实生活中并不是每个老板都是开心的，要想做到像江先生那样，除了良好的心态之外，最关键的就是要把家庭和家业经营好。

感悟与总结

最年长的二代

在所有的被采访者中，江先生是其中的最长者。与其他那些年轻人相比，无论是在管理企业心得、观察问题角度，还是社会阅历和经验上，都远胜出一筹。由此看来，每个人在各自成长道路上的不同收获都与时间有着莫大的关系。一粒种子从破土而出，直到结出丰硕的果实，不可能一蹴而就，而是需要阳光、雨露和时间。二代的接班成长更是如此，与时间磨砺相伴的是经验的累积、视野和胸怀的拓宽。总之，个人的成长，除了父母和导师之外，时间更像一剂良药。

特殊的传承方式

在现实中，像江先生通过收购的形式实现传承的案例极少，而且还必须具备特殊的前提条件。但其有利之处还是显而易见的，譬如使父母摆脱了难以在诸多子女之间取舍的困扰和漫长的培养与等待，更避开了资产如何分配之苦，同时也弱化了家庭成员之间的利益矛盾，使得传承大业瞬间变得简单起来。尽管这种传承方式实现的概率极低，但江先生的尝试无疑为两代人之间如何传承家业探索了新的途径。展望未来，随着家业股权的日趋分散，家族事业的多元化，相信未来几代人在相互持股中难免会交叉、出售，最后又通过MBO（管理层收购）的方式实现大一统。

开心老板的心态

与许多一代企业家相比，已经顺利接班的家二代江先生似乎潇洒了许多。首先，在他的调教之下，企业在良性运转的同时，还培养出了高素质的管理团队，这让他可以安心地去做自己喜欢的新媒体创业；其次，由于儿女们尚且年幼，距离将来是否接班至少还有十年以上的时间，在开明的江先生眼里似乎更不需要花费脑筋考虑此事；再次，在江先生的管理智慧中，他将员工视为企业的主人，财散人聚之下，员工们的忠诚度和归属感很强烈。所以，现阶段，江先生是个开心的老板。

创业信念

与许多有志青年别无二致，江先生在顺利接管父业之后，依然念念不忘创业的冲动。传统产业稳定之下，他毅然选择再次创业来实现自己的梦想和价值。在两年多的采访调研中，约有82%的富二代都曾尝试过创业，尽管大部分都失败了，但这种矢志不渝的创业信念和经历，无疑将是他们成功路上的宝贵财富。

无解的创业者

关键词：留学　创业　父母呵护　无解

采访人物：小浩（长子　无实业家庭　某主题餐厅老板）

"二世祖"？

见到小浩时已正午十分，地点是在他那间充满异域乡村情调的餐厅里。

他三十岁左右的样子，高大英俊；一身黑白相间的休闲装，酷酷的样子；棱角分明的脸庞上满是疲惫，有些无精打采。

采访刚开始，我便发现小浩的不同之处。他安静地坐在对面，被动回答着我的提问，没有任何的互动，回答更是寥寥数语，惜字如金。起初，我担心他是否在敷衍了事？如此这般，本次的访谈就没有了实际意义。但随着提问的深入，我逐渐感觉到小浩本就是那样的内向性格，不善言谈。

小浩出身于一个深厚"背景"的富有家庭。早些年，父母曾投资入股到当地一些"关系"企业，虽没有参与实际经营，但每年都有不菲分红，后陆续全身而退。他有一个妹妹，现在做代理进口化妆品生意。小浩说父母对他们兄妹俩非常宽容，基本上是无为而治。在学习、生活和工作上几乎没有任何的要求，只要他们不做坏事、生活开心就好了。这对于在传统教育中长大的我来说有些惊讶，对于那些自律性和上进心强的孩子们来说，无为而治有可能是一种有效的鼓励方法；但对于大多数的普通孩子而言，这似乎更像是一种不作为，尤其是对家庭条件优越的富家子弟，由于缺乏有效的家庭教育约束，其中个别人容易变成"二世祖"。类似小浩的父母，我不知道现实中还有多少。

关于"二世祖"一词，岭南以北，知其何解的人寥寥无几。借助百度，点击之间便可轻松获知。此为粤语俗语，专指上一代人有权有势又有钱，下一代则专攻吃喝玩乐的富家子弟，开山鼻祖是秦二世。如果把小浩归类于其中，这对他有所不公，因为他既不是飙车族，又不是浪荡哥。但随着了解小浩更多的故事，感觉他又不乏"二世祖"的影子。

传承研究者通常将家业财富分为两部分：其一是企业、金钱、地产、债券、股票类财富，统称为"有形资产"；其二则是家族精神或文化、商业智慧、人脉资源，等等，称为"无形资产"。在传承过程中，前者相对较容易分割和继承，更被人看重；而后者则往往在被人忽略的同时，完整地继承下来的难度较大。小浩父母不是做实业的，自然就没有具体产业可言，留给下一代的只能是物质资产。这类财富如果不能物尽其用而得到有效的保值增值，那么数量将难以避免地伴随着通胀、税收和消费无度而逐渐递减，直至殆尽。所以，如何对有形资产进行有效管理在现实生活中显得尤为重要。

出国读书

在国内读完大学后，小浩选择了出国深造，学的是商科。因与我所学专业接近，而且当年我们所使用的教科书大多是来自国外的，所以兴趣之下，很想了解小浩是不是取到了"真经"。

"学习？"小浩略微一怔，变得局促起来，"我不是个好学生，你最好别问了。"他难为情地说。

我一时语塞，顿生尴尬，赶紧换到其他话题。

"当年你打过工吗？"

"打过，很短的时间，也就是一周吧。"他平静地说。

一周？这或许是我听说过最短的打工时间，我无解。

"为什么没有坚持下来？"

在外读书的国内学子们大多有当地打工的经历或习惯，在丰富课余生活的同时，也能够更多了解当地的风土人情和工作环境，不失为件好事，而眼前的小浩着实"特殊"了许多。

"没什么，就是不习惯呗。"他双手一摊，一副无所谓的样子。

"课余生活你是怎样度过的？"我想知道校园之外的他。

"多数时间就是和同学一起出去到英国各地旅游，有时还会出海、打高尔夫球。"说话间，小浩脸上露出一丝小兴奋。

刹那间，那些关于中国留学生在海外各色潇洒生活的报道一下子在脑子里浮现出来。近些年来，选择出国读书已经不是什么新鲜事情了。学子们的素质不但良莠不齐，而且选择出去的目的更是五花八门。在异国的校园里，有的勤奋依旧，有的则浑浑然，更有甚者开启了边"学习"边享受生活的模式……小浩显然属于后者。

突然间，我开始怀疑起这次所选择的调研样本是不是"跑偏"了，因为此前已经见惯了太多的充满正能量的阳光富家二代。但我有些心不甘，继续着提问。

"读书最大的收获是什么？"

"怎么说呢？我觉得最大的收获就是认识了一大帮朋友。广东的，外省的，反正全国各地的都有。我们一直有联系，而且经常聚会。"说到这里，小浩似乎谈兴浓厚起来。

"能介绍下你的朋友圈吗?"我很想知道他的朋友圈成分,毕竟"近朱者赤,近墨者黑"。

"有的在打着一份好工;有的则待着不上班,反正家里也不缺他这份钱;还有像我一样自己出来创业的。"小浩语气依旧平静。

回国后……

因为家里没有实体企业,小浩只有两条路可选择:要么自己创业,要么出去打工。小浩回国后,先在家里待了半年,后被父亲"安排"到一家银行上班,两年后离开。

"工作顺利吗?"

"工作很无聊,有时我更像是个打杂的。工作时间虽有两年多,实际上待了不到一年就离开了。"小浩似乎对自己第一份工作很不满意。

看着对面一脸"无辜"的小浩,我几乎快要失去继续下去的信心……

"为什么选择离开?"

"这份工作我本来就不喜欢,老爸逼着我去的。我不喜欢复杂的工作环境,尤其是工作上的人际关系,适应不了,觉得特别累脑子,所以干脆就不做了。"

"之后你又做了哪些工作?"我发现自己有点强迫症,继续追问。

"后来老爸让我去当公务员,我也不喜欢。刚才已经说过了,自己应付不了关系太复杂的工作。"小浩说得倒是很坦诚。

我彻底无语……

公务员毕竟是当下年轻人艳羡的工作。在这条快被千军万马挤断的独木桥上,还极少听说有人选择背道而驰。众所周知,国家凡是招录用工作人员,几乎都是采取"逢进必考"的方式,择优录用。小浩居然还能够被"安排"进去,我有幸第一次见识到传说中的"萝卜招聘"了。可以想象到小浩家的背景是多么的强悍！

学业一般般，在工作上又挑三拣四，更不能适应工作环境，那么接下来他该做出怎样的选择呢？

于是，小浩便留在家里休息。半年后，径自飞去了加拿大，他这一走居然便是一年！

聊到这里，我情不自禁地再次端详着眼前的小浩。衣食无忧的生活之下，他的内心充满了对自由生活的向往。难道父母就如此放任他吗？

家庭教育

小浩究竟是在怎样的环境里成长起来的？

家里从未缺过钱。父母在对儿女们的教育上很宽容，倾向于孩子们的自然生长，尊重他们的任何选择，前提是开心就好；从来没有为难过他和妹妹，更是很少干涉；愿意读书就去读，读不进去就放弃；生活方式由个人去选择，只要日子过得开心就好；父母的话能听则听，听不进去也不勉强，只要不去做违法乱纪的事情就好了。前不久退休后，老两口便迷恋上了旅游，一年四季，基本上都是在游山玩水中度过的。"这样的父母真是洒脱！"小浩如是说。

我相信现实生活中肯定会有这样的父母，只不过只占少数而已，更多的家长则是依旧保持传统的教育方式。在调研中我发现一代父母几乎都是无一例外地对孩子们充满殷切的期盼，无限渴望子女学有所成、成就事业的同时，经营好个人的家庭生活。父母是孩子们最早的老师，尤其是在孩子懵懂的青少年时期，引导教育尤为重要，应该帮助他们树立正确的"三观"和生活态度，否则成人之后很难纠正。

正是"得益"于加拿大之行，小浩终于找到了自己的定位，回国创业。

当年他在一家华人饭馆就餐时发现他们的菜式风格很独特，便萌发出回国开一家餐厅的想法，于是他就匆匆回来了。

"这是你的创业开始吗？"对于小浩来说，这应该是个不错的选择。他真不能再像以前那样混下去，否则整个人会荒废的。

"是的。钱是老爸投的，我负责管理。"小浩说。

创 业

这间餐厅是两年前开业的，前后投入了近300万元，从此小浩便有了正经营生。餐厅装修很奢华，的确是个享受美食的好去处。美食和旅游都是老广们的最爱，他们的味蕾不但挑剔，而且对烹饪技巧更是精益求精，丝毫马虎不得。所以有人说，在素有美食天堂的广东经营餐厅，成功和失败的概率都是对等的，结果半年就见分晓。开起来容易，但能否经营下去，则更需要考验后厨功夫和经营者的管理水平了。这两年下来，小浩的餐厅收益如何呢？

"还没赚到钱。"小浩一脸淡定地回答，这让我恍惚感觉他只是这里的一个过路食客，而不是这家餐厅的经营者。

赚不到钱还要开下去？这有悖常理，同时我被他那副无所谓的表情"震撼"到了。经营餐厅虽不同于开办工厂，开工厂的投资回报期相对要略长一些，但是经营餐厅则现实很多，只要味道精美，食客自然如云；如果味道"麻麻的"（一般般），则就少有人问津了。消费者就是如此务实，容不得你有半点闪失。要么一炮走红，要么半年后关张谢客，咬牙死撑的人还真不多。

"什么原因？"我本来是想问：赚不到钱为何还要继续下去？但还是忍住了，婉转提问。

小浩表情茫然，陷入了思索中。

"我们的厨房水平没问题，饭菜质量不差，这是事实，可能还是管理上的一些问题吧。"小浩似乎有些苦闷。

效益不好，身为老板首先要被问责，除非是心思没在生意上。毕竟，餐厅的生意好坏直接影响着他的收入和每天的心情，怎能熟视无睹呢？而且该如何向作为出资人的父母交代呢？更何况小浩毕竟是念商科专业，多少都会懂些管理知识，不可能一无所知的。

我等待着他继续说下去。

"多数时间我都会在店里，员工加起来有 20 多个。店长是外请来，我分给他 5% 的股份，平常都是他在打理生意，我觉得不到位的地方就直接找他。在服务质量和市场推广上，我很不满意，员工们的执行力不够。所以现在的生意只是一般般，喏，你也看到了……"小浩带引我的目光环顾着一楼大厅，已经是快正午十二点了，偌大的厅堂里只是稀稀落落地坐了几桌客人。

"你的意思是店长能力还不行？"我压低了声音，直接问道。

小浩若有所思地点了下头。

店长受小浩之托管理这间餐厅，实际上扮演着经理人的角色。我并不认可小浩把所有的责任都推到店长身上，刚好相反的是小浩应该更多地自我反省，最起码是选人不当。

"下一步打算是什么？"难道这间店还要继续亏下去吗？

"先这样维持吧，我打算明年再开一家另外风格的餐厅。但不会投这么多，顶多百来万呗。"小浩给出了自己的办法。

听罢，我很是失望。原本想听下他的改善计划，没想到他居然想出了"东方不亮西方亮"的主意。看来，小浩承认这次创业算是失败了。但他并没有总结经验，而是选择了逃避，企图通过另外再开一家的办法弥补损失，小浩果然是不心疼钱的主儿。但他能保证将来一定就能"扭亏为盈"吗?

"你父母的意见呢?"我不相信小浩的父母会继续"支持"他。

"他们很少过问店里的情况,多是带些朋友来吃饭。但老爸说这次不会给太多钱了,要求我把规模做得小一点。我自己又没什么钱,只能听他们的了。"小浩给出了答案。

……

谢绝了小浩共进午餐的邀请后,我起身告辞。

感悟与总结

回到工作室,我呆坐了很久之后才缓过神儿来。小浩究竟是个怎样的人呢?他那副始终无所谓的表情让我印象深刻。直到后来,我终于想明白了,其实他的人生信条很简单,无非就是快乐工作和开心生活。他现在正做着自己"喜欢"的事业,只是尽管还谈不上成功。

据我观察,小浩是个老实内向且渴望成就自己的青年,不是那种惹是生非的熊孩子,而且还有自己的事业规划。虽然能力差了一些,但还算不上是个"二世祖"。

只是小浩的父母留给了我太多的思考。或许正是出于对儿子性格和能力的了解,加上他们对生活的"理解",所以小浩获得了充分自由的权利。父母的这种教育方法或许本没有什么对错之分,只是过于放纵罢了。总之,每个人都有各自不同的生活选择,家家同样也有各自难念的经,这勉强不得。思考中,我突然对自己正在研究中的家族传承课题有了更深的领悟,那就是在子女的教育和培养上,如何做到拿捏有度。对于孩子们未来事业上的选择,他们的意愿和能力则是基本的出发点,如果强迫年轻人去做不喜欢的事情,结果大多并不见得有多好。对于未来，只要父母、孩子都能接受就好了，不一定非要轰轰烈烈……

家庭中并非所有的子女能力都出众，其中肯定不乏相对偏弱的孩子。通常情况下，父母会把家业留给最合适的子女，但该如何面对能力不及的孩子呢？于是针对这种情况，有些一代人就想出了"口袋理论"，留给他们部分产业股份或充足的物质财富，让他们尽情地享受生活去吧。同时为了防止他们当中有人恣意挥霍钱财，有些父辈们考虑得更加周全，借助信托等金融管理工具，规定这部分孩子们必须有限额、分阶段地支取财富，既能够满足他们的日常生活所需，又能防止他们在暴富之后失去理智。我认为小浩的父母很有必要借鉴。

我最为担心的就是小浩的心态，如果他坚持这样走下去，未来能走多远，还是个未知数。

通过小浩成长的故事，留给我们最大的思考是：其一，父母如何引导帮助孩子？其二，父母应如何助力子女事业的发展？当然，父母是不想看到小浩无所事事才决定"投资"的。但为了让他知道挣钱的艰辛，双方之间最好能够签订一个虚拟的"借贷计划"，借此施加压力给他，迫使他通过努力工作，赚钱来"还贷"。如果钱来得太快了，自然去得也快，小浩很难去"珍惜"。改变父母不是件容易的事情，关键是要看小浩如何改变……

把家业交给职业经理人

关键词：学霸儿子　家业　开明的父母　职业经理人

采访人物：亚明（创始人的独子　现为医科学生）

学霸儿子

这是截止到目前为止，我唯一接触到的明确表示要把家业交给外人的父母。

先是见到亚明，接着见到了他的母亲。

我是在去年暑期里见到亚明的。当时他正在苦读英语，为明年的出国读博做准备。他现在是国内一所知名大学里本硕连读的医科学生，今年读研二。

小伙子是家里的独子，20岁出头，高高大大的，一脸的书生气，显得温文尔雅。还没等我开口，他就腼腆地说："叔叔，你还是找我妈聊吧，我真不知怎么说。"

"没关系，我们只是随便聊聊。"我宽慰他道。

与其他成功家庭别无二致，亚明出身于殷实富足之家。父母早年南下打拼，先是打工一族，后走上了创业之路，经营着一家中等规模的土建公司。与众多家族企业一样，作为一家之主的父亲打理着公司的日常事务，妈妈负责财务工作。后听他母亲介绍说，他们多半时间在公司里打理生意，很少照顾到亚明。

儿子自幼听话懂事，独立性很强，学习成绩很好，一直是班里的学霸，高中毕业后很顺利地考上了大学。

"我从小就喜欢小动物，自己在家里还养过好多，上学后对生物课特别有兴趣，高考时自然就选择了医科。我正在申请去加拿大读博，将来打算从事医学研究之类的工作，也可能成为一名外科医生。"

听完亚明的讲述，出于研究者的敏感，我不免为他父母的未来事业担心起来。土建工程和医学本就是完全不同的世界，憧憬生命研究的儿子能和冰冷的砂石土方、建筑机械联系在一起吗？然而，我的杞人忧天很快就释然了，亚明的父母对此却是很开明。

"小时候就看到父母一天到晚地忙碌，所以我不想再让他们为我的学习而操心。虽然他们现在的生意做大了，但父母从没有提到过将来的安排，他们知道我对土建没有兴趣。"

开明的父母

既然儿子明确表示不喜欢父母的事业，那么亚明的爸妈应该如何应对呢？蒸蒸日上的家业总不能因为儿子的放弃而成为了一块烫手的山芋吧？直到见到了他的母亲时才解开我的疑问。

母亲是一位知识型女性，举止大方得体，很有修养。亚明曾说母子之间感情极好，她是自己生活和学习上的良师益友。谈到儿子的未来，她是这样描述的。

"填报志愿时，儿子征求过我们的意见，他想学医，我和他爸都很支持，不想干涉他的兴趣自由，否则我们将来可能会落下埋怨。其实，正是从那一刻起，我们就已经意识到儿子将来是不可能回到我们身边了，因为医学专业的针对性太强，这很可能是他一生中唯一将要从事的职业。如果顺利的话，他明年就会出国读书了，至于毕业后能否回来都是未知数。我们这把年纪已经感到有些力不从心了。所以，我们要尽早做出安排。"

"你们是怎样打算的？"我很想知道亚明父母对未来是如何规划的。

"我倒是无所谓，无论将来是把公司转让或者委托给其他人管理，我都能接受，反正经营了这么多年，家里也有了一定的积累。但是他爸爸放不下，开始时舍不得，现在算是想通了。亚明不想回来，这也很正常，年轻人就应该有自己的爱好和事业追求，这本身就是一件好事。"亚明母亲坦诚地说。

绝大多数一代人始终无法割舍自己亲手缔造的事业，尽管他们心里很清楚放手是迟早的事情。这其中承载了创始人太多的东西，汗水、喜怒哀乐、事业、梦想，甚至是生命。对于他们而言，如果没有特殊原因，将自己的事业传递到子孙后代手里无疑是最佳的选择，这更是华人世界里的一贯做法。

"那些年，他爸爸一直很纠结。亚明读大四时，他就迫切想知道儿子毕业后的打算，他希望儿子能够回来，但被我劝阻了。既然儿子对我们的工作没兴趣，就别为难他了，而且这也不是他的义务。"在子女意愿上，母亲开明地尊重了儿子的选择。

选 择

"其实，我们很早就讨论企业的未来了。既然他爸爸希望把企业继续经营下去，我们迟早也会退下来，那将来该怎么办？目前看，找个合适的经理人协助我们打理企业是最好的选择了。"

"找到合适的人选了？"我很佩服他们的勇气。

"已经有了初步的人选，但现在还没有确定下来。儿子的堂叔现在公司里工作，但他的文化程度不高，管理能力也有限，我们也没指望过他。公司里有一位负责技术的副总，公司成立的时候他就在的，我们共事了十多年，对他很了解，也很信任。他有技术能力，人也踏实，但管理能力需要尽快提高；同时我们也正在考虑一名工程部经理，为人厚道，工作能力强，就是太年轻了，需要花时间培养。另外，我们也在尝试从外部聘请，但目前合适的人选不多，也比较难找，可能是我们运气不好吧。总之，我们还是更多地倾向于通过内部培养的方式选拔人才，毕竟和这些老员工们合作了这么多年，彼此之间很了解。只要把规矩定好了，将来交给他们会更放心。"说话间，亚明母亲显得多少有些无奈。

"其间，我们还找一些朋友和管理公司咨询过。下半年公司准备成立董事会，除了我们夫妻之外，计划吸纳几名管理骨干进来成为董事。我们保持控股的同时分给他们相应的股份，但个人收益必须要与公司业绩挂钩，完成不了盈利目标就不能享受分红。目的是通过集体决策减少将来工作过程中的失误，同时将整个核心管理团队凝聚起来，从中挑选出最适合的人担任一把手，共同管理公司，逐步减轻对他老爸的依赖。目前暂时是这样考虑的，将来也不排除其他的可能性，反正我们还有足够的时间去筹划。希望我们退休的时候，公司能够继续运转下去。以后就将我们的股份转让给儿子，至于他如何处理，就由不得我们操心了。"

正如开篇所提，父母在应对儿子将来不准备接班的问题上，已经明确计划了将要把企业托管给职业经理人的想法。这的确需要相当的勇气。

职业经理人

引入职业经理人制度在国外早已是常态化了，至少有超过 200 年以上的历史了。尽管目前仍存有很多的争论，但家族企业已经普遍采用了这种管理模式，而且已经蔚然成风。如：美国的美孚石油（洛克菲勒家族）、福特汽车（福特家族）、IBM（沃森家族）、沃尔玛（沃尔顿家族）；在欧洲，英国的克拉克鞋业（克拉克家族）、德国的宝马汽车（匡特家族）、博世电工（罗伯特家族）等。以上的这些家族企业不但历史悠久，动辄就是延续了五代以上（最年轻的是沃尔顿家族，现在是第三代），而且还都是各自行业内的翘首，他们的共同特质是：家族保持企业的控股权，职业经理人操盘企业运作的同时，家庭成员已日渐淡出管理层。

国内通常认为职业经理人是舶来品，是最近 30 年前才冒出的新兴事物。其实，在我国很早就已经出现了。电视剧《乔家大院》里的乔致庸和分号掌柜就是典型的老板和职业经理人之间的关系。现代管理学将他们之间的这种关系解释为"委托代理关系"，两者所不同的是，在清朝时期的山西票号里，各分号的掌柜是在为"东家"负责，体现出"受人之托，忠于人事"的职业人格，而在现代企业制度下，职业经理人则是向投资人负责。改革开放以后，伴随着非公有制经济的迅猛发展，在子承父业模式占据主流思想阵地的情况下，许多民营企业中依旧涌现出许多优秀的职业经理人。如美的集团的方洪波，在上代领袖何享健的儿子何剑锋选择独立创业的情况下，被委以重任成为企业新的掌舵人；统一润滑油的李嘉，在兢兢业业地协助打理霍家产业的同时，还肩负着辅佐下一代接班人使命，以至于霍建民发出如此的感慨："李总那么多年的商业智慧、管理经验，人际关系的处理等等都能让我学到很多东西。现在李总带着我一起做，这很完美。这就相当于请一个老师在身边，这是一般家族企业二代很难寻得的。"在东西方文化交融的香港，同样孕育了许多优秀经理人，中华燃气的陈永坚便是其中最为优秀的代表人物，他在为股东实现价值最大化的同时，更被评选为 2015 年全球最佳 CEO。

毕竟国情不同，东西方两地无论是在经济发展水平、政治结构和法律体系上，还是在文化传统、道德制度上都存有较大的差异，但在公司治理结构上的要求上却是相同的，都在朝着现代型公司大踏步地迈进。这不仅是公司发展普遍规律的要求，更是时代的呼唤，所以在中国同样有着职业经理人生存的土壤。

但目前在职业经理人使用问题上有许多的杂音，我将其总结为三种态度。其一是积极倡导型，代表人物是美国著名的经济学家钱德勒，他认为引入职业经理人是建立现代企业制度的基本前提；其二是中立观望型，国内经济学者马光远所持的态度是聘任职业经理人来管理家族产业是一个很有争议的话题，需要谨慎；其三则是反对型，颇有争议的郎咸平便是其中的代表人物之一，他以丰田门事件为例，强调职业经理人通常注重短期利益以换取高增长，进而增加企业运行风险。对于这三种态度，国内的许多研究者和企业主虽仍是纠缠不清，但有些企业已经急不可待地走上了这条探索之路，尤其是那些科技型企业，在技术更新飞快的时代里，他们清醒地意识到单靠家族内的人力资源已经无法保障企业持续的技术优势和领先市场，所以需要在外部空间里发现最适合的优秀人才加入企业，并成为企业的领导者。

国内企业之所以谨慎地对待引入职业经理人机制，我认为这其中有着内因和外因的双重制约。内因包括：首先是信任程度。在中华传统的家庭观念中，对非家族人员的信任度普遍不高，这恰巧印证了日裔美国经济学家福山的论断。所以，家族企业在选择接班人时会优先考虑家族内部成员，而那些专业技能出色的经理人则沦为备胎。正是这种信任的有限性和投资人所寄予过高的希望，造成了经理人在重压之下对企业的归属感并不强烈，很容易诱发他们采取贪大求快的经营行为；外因则表现得更为复杂化，其一，经理人的稀缺性。在金字塔形人才成长模式下，必将造成高水平职业经理人群供给的稀有性，所以我们经常听到企业家们抱怨找人难也就不足为奇了。其二，市场因素。由于经理人市场独立性很强，彼此间缺乏必要的公开透明性，容易造成供求两方信息不对称，相互了解的渠道不畅通。其三，缺乏制度约束。由于我国缺乏足够完备的法律和道德约束机制，容易诱发其中任何一方轻易违约或不作为。在导致履约障碍的同时，进一步制约了两方持续合作的积极性，甚至造成心理障碍。

在我所接触到的二代接班人中，大部分人均明确表示将来聘请经理人的打算；甚至有些开明的老一代人也有类似的想法，正如力帆集团尹明善董事长所说："选择亲人，是为了企业的生存和稳定；选择外面的人，则是为了更好的发展。"

实际上，在接班人选上，亚明父母有两种选择，要么是通过内部培养的方式，要么就是直接从外部引进。比较两者，各有利弊，风险不同。但在外部专才可遇不可求的客观现实下，选择内部培养似乎更加务实一些。

全球 500 强中排名第 81 位的宝洁公司除了家喻户晓的洗浴和营养保健品之外，还有其独特的针对中高级管理人员的内部培养晋升机制。成立 160 年多年来，宝洁公司始终秉持管理团队内部培养的传统做法，甚少机会对外选择"空降兵"来执掌管理大权。

内部培养的好处是显而易见的，因为都是老面孔的"熟人"，所以便于了解和管理企业，在工作方式上具有连贯性，而且还能节约时间和金钱。其优势主要体现在以下三方面。

首先，内部培养便于帮助接班人尽快展开工作。因为接班人在企业中已经工作了较长的时间，对企业的运作特征和习惯做法非常了解，更熟悉各部门的"人"和"事"，在行业内也积累了足够的资源，所以工作上手很快，几乎不需要花费太多的时间和经济成本去熟悉工作，也便于在短时间调集各路资源。同时，接班人通常更容易理解和执行企业主的战略意图，原有的经营思路得以延续，而不至于轻易地改变。另外，接班人是从中高层管理岗位上脱颖而出的，不但具有一定的威望，而且更熟悉企业文化和内部规则，容易得到广大员工的认可，有助于实现一站式"无缝"管理衔接。

其次，内部培养的方式更容易确保企业核心价值观得以延续。任正非始终在努力塑造华为的核心价值观，其本人更看重对"企业思想"的管理。通常，当家族企业主在挑选非家族成员的高管时，不仅会考虑其能力和经验，更希望了解其价值观，确保彼此信念一致。正如 Coutts 财富学院 Juliette Johnson 所言："让价值观不同或不懂得尊重企业文化的外人加入家族企业，等于自找麻烦。"

接班候选人作为企业的老员工，在认同企业文化的同时，对其核心价值观理解和把握得更加透彻，更了解企业主的性格、工作方式，甚至是其家族内部的"政治氛围"，所以更能"一脉相承"地在工作中保持和发扬企业的核心理念。尽管有些空降兵工作能力上非常优秀，具有令人尊敬的职业操守，但是能否尽快融入到现有的企业文化当中，仍是未知数。事实证明，难以与企业文化相融合，已经成为外聘高管离职率偏高的核心原因之一。在无法预知的风险面前，很多企业主宁愿将通过自我培养的方式训练接班人或高管团队作为既务实又无奈的选择。

再次，内部培养的方式更有利于激励企业内部员工，激发他们的工作潜能，在虚无缥缈的"职业生涯规划"成为可能的同时，更直接地促成和构建了企业内部良性的人力资源培育体系。美国通用公司选拔 CEO 的"长板凳计划"模式现已被国内许多家族企业争相模仿。1974 年第七任总裁雷·吉琼斯上任后的头等大事就是物色他的接班人，被誉为本世纪最杰出的 CEO 杰克·韦尔奇最终从 96 名候选人中脱颖而出。就任后，他便如出一辙地培养出了企业新领袖杰夫·依梅尔特。

其实，在交谈中，我不难发现亚明父母似乎更倾向于内训选拔的方式。至于最后的结局，我相信时间可以给出答案。

感悟与总结

在本案中,亚明父母在积极构建以董事会为代表的现代治理模式的基础上,在选择接班人问题上采取了两条路并行的模式,即在通过内部培养的方式甄选候选人的同时,启动了外部寻找优秀经理人的模式。两者结合之下成功的概率似乎更高一些。儿子亚明正徜徉在对自己事业的追求里,尽管将来他能否回心转意暂不得而知,但就目前判断,他至少在未来一段时间里不会接手家业。于是,他的父母只能选择另外一条路径来延续事业梦想。

在选择未来管理领袖的问题上,我认可亚明母亲的意见。她同时打开了两扇窗物色接班候选人,内、外都留有选择机会。我的补充建议是在聘请外部高管过程中,秉持开放信任态度的同时,尽可能留有充足的时间从多角度考量对方的实际能力和过往经历,更要了解其价值观,确保与企业文化和现有的管理团队保持一致。最后,企业主应该用发展的眼光成就双赢,不应再把职业经理人和东家之间的关系定义为简单雇佣关系,更应该看作是一种契约型的合作关系。在彼此相互信任的基础上,更多地通过制度和契约来约束双方行为,而不是单纯的感情和信任,这也就是通常所说的由人治转变为法治。

带着弟弟一起飞

关键词：接班人　培养弟弟　创业　无形资产的传承

采访人物：小关（创始人的次子　现为地产分公司总经理　创业公司投资人）

家　业

刚过完元旦的一个午后，我在小关的酒庄会所里见到了他。

小关是湖南人，大学毕业后就来到了广东，已有十年光景了。尽管他已过而立之年，但脸庞里仍透着些稚嫩；个子不高，白白净净的，人很和气。若不是身上那件藏蓝色的笔挺西装，与其说他是个老板，倒不如更像个刚走出校门的大学生。

或许是刚经历过午休，小关有些睡眼惺忪。

小关的父亲是湘南某县知名的企业家，建筑包工头出身，后包工队发展成为房地产开发公司，逐渐积攒下家业。小关家中排行老二，哥哥师范毕业后，顺理成章地成为了一名光荣的人民教师，挚爱着教育事业；小关在大学里选择的是会计专业，毕业后就被父亲派到南海的分公司，今年是第十个年头了，现在是该公司的负责人；两年前弟弟毕业后，也来到了广东，在小关的身边工作，现分管采购部工作。

培养弟弟

"那你是带着弟弟一起工作了？"兄弟俩同在一家公司工作，而且哥哥是弟弟的"老板"。

"是的。老爸原本希望他毕业后留在老家的地产公司做财务工作，但他坚持要出来见见世面，所以毕业后就来这里了。我现在安排他在采购部工作，边干边学吧。老爸经常打来电话了解他的情况，嘱咐我一定要把他照顾好。目前看来他表现得不错，主动性很强，工作上手也很快。过完今年春节，我打算把他调到财务部工作。"小关似乎对弟弟的培养很满意。

在采访过的案例中，几乎都是自上而下式的父教子模式，这是我第一次遇到兄教弟的情形。

谈话间，小关的手机时不时地响起。有些来电他会接听，寥寥数语后便匆匆挂断；而有些来电则干脆直接摁掉。他略带歉意地说："不好意思，事情比较多。"后来我观察到他对于这次关于传承的访谈内容是颇有兴致的，他说这是他第一次接受这样的采访，回答提问的过程实际上就等同于自己反思过去和展望未来。

听完小关的讲述，我已经判断出在兄弟三人中，现阶段似乎只有他是最合适的未来接班人选了。

未来的接班人

"当初你是怎样回到父亲的企业的？"我非常看重二代青年加入的动机，因为这是他们将来能否推动家业持续发展的首要前提。

"读大学时的会计专业是父亲为我选择的，他希望我毕业后回来负责公司里的财务工作,所以毕业后我就理所当然地回来了。当年广东分公司刚成立时,就把我派过来了,一直干到今天。"小关平静地说。

显然小关是父母眼里听话的孩子。我发现在所接触到的二代青年人群中,那些性格温顺的孩子们多会听从父母的意见和决定,无论是在今后的工作方向,还是在将来婚姻选择问题上。

"那您应该是父亲的接班人了吧?"我检验着自己的判断。

"嗯,是的。"小关点头。

"我现在负责着分公司,老爸希望我五年后接他的班。哥哥是不会加入到企业里来了,他们两口子现在都是教师,对做生意没有兴趣。弟弟将来可能会接替我现在的工作,我则负责总公司……"

心系创业

突然,"笃笃"的敲门声中断了我们的谈话。秘书领着一位陌生人闪了进来,秘书介绍对方是电视台的编导。小关客气地起身迎接,简单交谈后便让秘书将客人引到隔壁休息室小坐等候。

我们重新拾起话题。

"不好意思,希望没打搅您的工作。"我抱歉地说。

"没事的,我们继续。哦,我们正好在拍一部关于酒庄的微电影,请导演来指导一下。"

"微电影?"没想到小关涉足到时下最新潮的领域。

"现在分公司的主要业务是承包土建施工,都是父亲的老关系,工程量一直比较稳定。我也很想做点自己的事情,于是就陆续投资了几个小项目,有新传媒、软装工程设计和红酒代理,新传媒公司主要负责拍摄微电影。"对于我的疑问，小关耐心地解答。

在我的调研统计数据中显示：超过 80% 的二代富家子弟曾有创业经历，而尚未体验创业的人群占比低过 20%。由此推断，选择创业是绝大多数年轻人成长道路上的必由之路。小关在肩负分公司发展的同时亦不例外。

"在建筑这行里跑得时间太久了，总想尝试下其他的事情，主要是自己喜欢。朋友凑在一起的时候，他们也会给我出谋划策。酒庄是老爸投资的，后来我把它扩建了，变成了今天的会所；软装设计公司是我自己投资成立的，新传媒公司是我和朋友合作经营的。"

"生意还好吗？"尽管我知道年轻人在初创时期的成功率都不高，但他们这种追求事业的精神值得肯定。我的建议是希望他们不要经历太多次的失败，否则不但浪费金钱和时间，而且自信心会因此受到抑制。

"怎么说呢？酒庄生意还不错，另外两个项目运营的时间都不长，还没有产生效益。"小关坦白地说，接着补充道："软装项目正在磨合中，目前技术团队暂时还比较薄弱，设计方案竞争性不强；微电影项目在后期的市场推广方面做得不是很到位，前期制作的投入比较大，压力比较大。我觉得既然选择了，就应该坚持下去，不能半途而废，而且我们也在逐步地总结经验，接下来将做某些调整。"

接班准备

"你现在做好接班准备了吗？"我更关心小关的成长。因为再过五年时间，如果没有太大的变故，小关将从父亲手中接起家业的大旗；这五年是他人生中的关键时期。

"去年底，父亲参与了老家县里的经济开发区建设工作。我现在是两头跑，将来的工作重心将在湖南。目前为止，父亲对我的工作应该还算满意，他也没有什么特别的要求，只是经常提醒我要拓宽自己的视野；同时也要求我多参加一些社会活动，增长见识，更多地认识些朋友。但在和政府打交道方面，我做得很不够，有些怵头，为此，父亲没少批评我。尽管他带着我参加了很多次行业交流和政府对接工作，但我仍然有些不适应，所以我必须要尽快克服。老爸今年 60 多岁了，不能再让他操劳了，我必须要挑起担子来；母亲不参与家里的生意；弟弟也还小；所以，这几年我感觉压力还是蛮大的。"

小关经过十余年的工作积累，已经具备了必要的管理经验，这为他奠定了坚实的基础。他的可贵之处还在于有自知之明，清醒地意识到成长过程中的不足之处。我相信他随着年龄和人生阅历的增长，将来一定会有所改观的。

"未来企业的资产是怎样规划的？"其实，我更想知道另外两个兄弟是否认同父亲的传承安排。

"这是由父亲来决定的，决定权在他手上。不论他做出怎样的决定，相信我们兄弟三人都会服从的。毕竟这个家业是他一手缔造的，作为子女，我们的责任就是将来把它做得更好。至于在资产分配上的安排，父亲曾经透露过，但并没有细说，原则上是按照每个人的参与度和对企业的贡献值进行分配。尽管哥哥不会参与经营，但他会得到一定比例的股份，并且享受每年的分红；我应该持股最多；至于弟弟，则要看他将来的发展情况。"对于关父的这种安排，我持赞同意见。这样既激发了实际参与者的积极性，又明确了兄弟三人各自的身份；不但有利于家庭的和睦，以免让家庭成员背负感情债务，而且还保证股权的集中性，便于统一今后在经营中出现的不同声音。

实际上，在时代的变迁之下，国内的许多家族企业已经呈现出这样的变化趋势：由最初的单一夫妻或兄弟控制的格局，在向现代型公司迈进的道路上，随着子女或非家族核心管理成员的加入，股权结构正变得日益松散。在这种情形下，家族成员如何保证对企业的绝对控制权成为关键问题。在华人企业中，汇丰和李锦记则是其中最为典型的代表。为了避免因为更多的家族成员加入企业而造成的股权稀释，冯、李两家相继采用了MBO（管理层收购）的模式保证了家族内核心成员对企业的控制权。

感悟与总结

兄教弟模式

小关对弟弟的培养故事本身就是家业传承中很稀有的案例。本案中，小关作为既定的传承人，在接班的路上同时承担着培养弟弟的任务，其经验或许值得类似情形的家族借鉴。对于子女的培养问题，我们最常见的实现方式是父子之间的传帮带。哥哥对于弟弟的培养不但体现着责任义务，更有利于兄弟二人在经营思想上的统一。"师傅领进门，修行在个人"，弟弟在成长的路上，受到哥哥训导的同时，潜移默化之中在思想上带有了哥哥的烙印，这可能影响到他将来的潜质。所以，我建议在"内传内"的模式之外，更应寻找外部力量来推动年轻人的成长，如专业的辅导师、顾问或机构等，他们精湛的专业知识会带给年轻人家族以外的新思想。另外，长江后浪推前浪是时代发展的必然，假想如果弟弟进步得很快，也不排除超越哥哥的可能性。届时，弟弟在感恩哥哥培养的同时，更希望他们兄弟二人将来能够和谐相处。

关于无形资产的传承

相比较金钱、地产、股票债券而言，无形资产包含着家族精神、商业智慧、声誉和政商关系等。香港大学范博宏教授认为这些无形资产传承给下一代人的难度比较大，对于他的观点，我部分赞成。由于成长环境和时代的不同，两代人在教育、人格上表现出的差异性较大，甚至对于部分无形资产的内容意见也相左。尤其是对于那些出国读书的孩子们来说更具有挑战性，正如方太集团的茅老先生所说："本土成长起来的孩子在接班问题上更有适应优势。"在本案例中，小关在政商关系上就表现出明显的不适应。尽管如此，我认为并不是所有的无形资产都是不可以传承的，这需要两代人的智慧共同发挥作用。毕竟小关还有成长空间，他已经在企业管理方面具备了诸多经验，他的父亲也已经察觉到他在成长中的不足，就需要围绕着这些缺憾进行补强。我认为，首先，父子俩应当明确界定无形资产的传承内容和难易程度；其次，父亲尽可能创造更多的机会让小关得到锻炼，在树立起权威的同时来增加他的自信心；再次，伴随着小关的成长和悟性，作为家族事业的传承人，他更应该肩负起营造家族凝聚力的使命。

等待中的阿军

关键词：公务员　回归　父子矛盾　逼宫　等待

采访人物：阿军（创始人长子　某家居用品制造公司副总）

郁闷的开场

阿军是张老板的儿子。

我结识这对父子很久了，一直见证着阿军的成长。

约好时间后，驾轻就熟，很快便到了工厂。见到阿军时，他刚泡好茶，呆坐在厚重的船木茶桌后面。都是老熟人，没有客套，几盏略带发涩的生普洱下肚后，我们便聊了起来。

"最近生意还好吗？"

"还行，就是货赶不出来，这不正发愁嘛。国庆节旺季要到了，货期都挤到一块去了。"阿军皱着眉头说。

"你和老爸的关系怎样了？"我知道自从两年前阿军辞去公职回到老爸的工厂后，父子俩一直弄不到一起去，甚至有时关系很僵。张老板很强势，阿军是个乖孩子，只能跟着老爸的指挥棒转。起初父子俩还相安无事；但后来阿军就有意见了，抵触情绪越来越大，在工作上经常和老爸唱反调。

"哎，别提了，昨天开会时他还让我管财务呢！我不懂财务，这不是难为我吗？再说现在的财务经理管得好好的呀。"阿军抱怨着。

对于绝大多数家族企业而言，财务权必然是牢牢抓在自家人手里，才能确保企业绝对的安全。阿军是家里唯一的男丁，老爸很早时就表达了将来要他接班的意愿。财务是企业里的要害部门，早点让儿子熟悉财务工作，也是自然不过的事情。我认为阿军实在没必要如此抵触，枉费了老爸的良苦用心。

父亲的二次创业

六年前，阿军大学毕业，理工男。张老板要求儿子回厂上班，但被儿子说"NO"，转身应聘去了一家通讯公司打工，成为了一名网络工程师。

13年前，已过不惑之年的张老板毅然辞去公职下海创业，成立一家规模不大的五金厂。他先是从配件加工的小活儿做起，稳扎稳打，一步一个脚印儿。几年之后凭着夫妻俩的辛劳，已经把工厂发展成为当地知名的专业生产金属货架的企业，年产值过亿。初次创业的成功，让全家过上富足生活的同时，张老板的野心逐渐膨胀，越发不安于现状。2010年后，珠三角的房地产市场出现了暴发式的增长，橱柜产品需求随之被带动起来。经过几番市场考察后，张老板再次决定创业筹办橱柜厂。他将五金厂交给弟弟后，便开始启动新工厂。由于隔行太远，经验不足，导致前期的投入过大；张老板又过于自信，前两年的生意差强人意。第一年，巨亏；第二年，小亏；直到第三个年头，橱柜厂才终于实现盈利，以后的路子则顺畅了许多。在一片怀疑的目光里，张老板的第二次创业再告成功！

一代人创业时的"蛮拼"精神，真是值得现在的年轻人好好学习！也正是他们目前最欠缺的东西。尽管一代人擅长创业，但是在交班的路上却都遇到了很多问题，甚至超越初期创业的艰难。新中国建立后，延续了几千年的私有制经济一夜之间突然被连根拔起，彻底消失了将近 30 年！直到改革开放之初，才逐渐恢复其本来的面目，先是个体经济得以悄然复苏，然后是民营企业出现。直到今天，仍是在一片质疑和漠视中，非公有制经济成分疯长到中国 GDP 的半壁江山！然而，当一代人逐渐老去的时候，才发现家业传承是个棘手的大事情，不能再想当然了，因为世界变了，环境变了，格局变了，孩子们也变了……没有太多的经验值得借鉴，没有太多的胆量去尝试，于是他们开始变得迷茫起来……

不接班的儿女

张老板育有两个孩子，长子次女，相差两岁，都是大学毕业。女儿毕业后很快找到了自己喜欢的工作，她明确表示将来不会参与父亲的生意。阿军则是性格偏内向、做事沉稳的小伙子，话虽不多，但很有主见。打工一年后，他又顺利地考取了公务员，成为机关里的一名基层办事员。收入虽不高，但工作轻松稳定。如果踏实肯干，把握好机会的话，将来还是有政治前途的。对儿子的自作主张，张老板并没有干涉，认为儿子在外面工作上一阵子也好，起码能开拓下视野，积累些人脉。

然而，随着生意的扩大，张老板越发感觉到体力不支，里里外外操心的地方太多，有时难以应付，他到了需要找个帮手的时候了。思前想后，找来找去，最后还是认为只有儿子最合适，毕竟将来还是要他接班的嘛，应该早点把他召回来。但眼下儿子很享受目前的工作，前途也看好。张老板为此感到很为难，知道说服儿子回来并不容易。如果亲自出面找儿子谈，万一阿军不同意，岂不是很没面子。于是，他安排老伴找儿子谈谈看，毕竟母子之间更贴心一些。谈过两次后，儿子表示不想放弃现在的工作。张老板虽然很失望，但他也没有强求，暂时把这件事搁置下来。

后来，我和阿军聊过关于接班的事情，他反问道："为什么非要我接班？我现在的工作挺好，也有自己的生活；我并不喜欢老爸的生意。"总之，他还没考虑过接班的事情。

无奈回归

一晃一年过去了，张老板实在撑不住了，亲自出马找儿子长谈了几次，目的只有一个，希望儿子能早点回到工厂里帮他，但阿军还是没有同意。但张老板并不担心，于是就找来一些亲朋好友，设计了很多"场景"，隔三差五地做阿军的思想工作，目的就是说服他能够回来。半年又过去了，阿军终于顶不住了，告别了三年的公务员生活，终于回来了，尽管很不情愿，但张老板很高兴。儿子的职位是总经理助理，没有明确的工作任务，父亲只是要求他尽快熟悉企业状况。后来，在阿军的再三要求下，他进入销售部工作。不久后离开工厂，驻扎在深圳，独立负责该片区的直营店生意。半年后，他居然交出了一份相当不错的成绩单，业务量比以前增加了一半。张老板很是欣慰，很快就把儿子调回到自己身边。

"我明白老爸的用意，但在他身边工作我感觉很不自在，放不开手脚。老爸又是个固执的人，我们很容易发生工作上的冲突。"阿军对此很担心。结果没多久，担心变成了现实。在索菲特、尚品宅成功模式的诱惑下，张老板决意仿效。在保留原有直营店的基础上，开启招商加盟模式，意欲市场全线开花，快速提高市场占有率。对此决定，阿军提出了反对意见，认为目前切入时机并不成熟。他给出的理由是：

1. 目前产能不足，熟练工人数量也有限，难以保障未来订单的快速增长；

2. 现有品牌市场影响力有限，需要尽快打响名气，否则很难吸引经销商的眼球；

3. 这几年工厂因增速过快，无论是市场渠道维护，还是内部管理上都过于粗放，生产效率并不高，且内耗严重。

基于以上原因，他的建议是"攘外必先安内"，先对企业进行整顿优化，待到兵强马壮之后再考虑施行新模式，这样把握性更大一些。

对儿子的建议，张老板则表现得不以为然。在经历两次成功创业后，他的信心爆棚，坚信自己的选择不会有错。在同质化产品竞争日趋激烈的形势下，时不待我，必须抢占先机。加盟项目不但要上，而且还要大干快上。儿子还年轻，才来企业里几天呀，他哪能看得这么远？在公司管理会议上，张老板不顾儿子和个别老员工的坚决反对，力排众议，拍板决定。

接下来，各地经销商接踵而至，争相签约，张老板初战告捷！但兴奋了没多久，他的工厂便陷入一片慌乱之中，许多订单根本无法按期交货。历经大风大浪的张老板并不慌张，他一边下令添置设备扩大产能，一边将部分订单对外发包委托加工。但萝卜快了不洗泥，此举虽缓解了货期压力，但产品质量问题却接踵而至，尺寸误差、材料错误等原因而导致的翻修、退货情况屡屡发生，售后部每天都在疲于应付，忙得焦头烂额，这单投诉还没处理完，下一单紧接着又来了，那段时间父子俩简直就是救火队员。本应赚到的利润，很多就这样白白地消耗掉了；车间因要加班加点地赶货，工人们更是疲惫不堪，个个怨气十足……尽管张老板一再打气说困难只是暂时的，但心里还是有些后悔当初没听儿子的意见。

冲 突

风波过后，张老板对儿子另眼相看了。不久，阿军获得了晋升，担任工厂的副总，负责行政、人事和采购工作，权力一下子大了许多。他希望阿军借这次机会把企业整顿一番，全面提高生产管理水平。

企业如同行驶的车辆一般，如果一味长时间地启动使用而疏忽了日常保养，迟早是要出问题而罢工的。张老板的工厂亦不例外，毕竟是将近20年的老企业了，积累下来的企业病也不少。如：老员工排挤新人、生产计划失序、管理观念陈旧、规章制度缺失，等等。

张老板在创业时考虑最多的是企业如何生存下来，大小事务均围绕着订单展开，几乎无暇顾及制度建设；待到企业做大后，虽然相应地增设了一些职能部门，制定了许多规章制度，但当遇到实际情形与制度抵触时，基本上就由张老板自己随性决定了。时间久了，人治占了上风，员工们跟着慢慢也就习惯了。尽管张老板在事业上很拼，但他却是个心肠好的老板，对部分员工很照顾，尤其是对那些当年和他一同打天下的老员工，在厂里虽是上下级关系，实则就是饮茶老友，处处体谅照顾周到。在这种情况下，行政部的工作有时难以开展，特别是在加薪升职、工作调整、奖罚等方面出入较大。为此，员工们颇有微词，久而久之，工厂上下蔓延着一股马屁文化的味道，企业变得官僚起来。

公务员的经历着实磨炼了阿军的性格，学会了亦步亦趋和不急不躁。他上任后并没有大刀阔斧地展开工作，而是先从实地了解入手。他花了两个多月的时间深入到企业的每一个角落，通过实地调研，总结突出的问题点并制定出明确解决办法。他决定先从制度入手，将企业的各项运作纳入制度化。阿军坚持认为，如果企业制度框架搭不好的话，很多错误的习惯性行为就得不到应有的纠正，企业也会跟着受伤。在他的力推之下，工厂相继出台了关于考勤、薪酬、生产管理、福利等一系列的管理制度。事前，他曾专门请示了父亲。张老板虽对其中的某些条款提出了个人意见，但最终还是同意了。新规试行后，很快就受到了广大员工的普遍认同，在公平透明的制度下，大家的工作积极性空前高涨。但个别老员工却感觉很不习惯，认为阿军这是在和他们过不去。虽然表面上很支持新领导的工作，"帮衬"得也很到位，但是私底下却是牢骚满腹，甚至有人在张老板面前借话说话，"顺便"表达不满。起先，张老板多是打着哈哈，帮忙圆场了事，但是坏话一旦听多了，就觉得更像是真事了。有次在家里，他责怪儿子把厂里关系搞得紧张，应该学会平衡维稳。阿军则有些委屈，没想到自己辛苦的工作轻易被老爸否定了。他很不服气，据理力争，但老爸根本听不进去，最后两人不欢而散。接下来的一件事，则直接点燃了他们之间"针尖对麦芒"的导火索。

例会上一位老员工因故迟到，事先并未请假。阿军当场就批评了他，并根据会议制度进行罚款。但张老板认为儿子的做法有些过分。为了顾及那位老员工的面子，他先是和颜悦色地将问题淡化，而后还在会议尚未结束的时候，笑呵呵地在管理层微信群里发起了"红包"，此举让阿军大为恼火，认为父亲这是让自己下不来台。过后，工厂的管理层里就发生某些"微妙"变化，很多本该他负责的事情却没有找他，而是越过他而直接向张老板汇报。阿军突然感到有一种被架空的感觉，很是失落。接下来，张老板相继否决了他提出的"员工培训计划"和"绩效考核计划"，理由要么是没必要，要么就是超出了预算，这对阿军打击很大，工作积极性一下子消退了许多。

"我明显感觉到就是老爸要收权了，这分明就是不信任我嘛。我都快30岁了，早就不是孩子了。企业不就是要靠制度来约束吗？靠着人情来管，能管好吗？早知道这样，我还不如不回来呢！"阿军越说越激动，比划之下差点碰翻了茶杯。

母女逼宫

从此，阿军沉寂下来，变得"聪明"起来。不就是让老爸高兴吗？只要他满意，我就依着他。但阿军并不甘心如此，觉得这不但是在浪费自己的时间，而且对企业也是一种不负责的态度，更像是一种伤害。

后来，阿军结了婚，成了家。张老板想让儿媳到厂里的财务部来上班，但是被阿军劝阻了。因为有了自己的教训，他不想让妻子蹚这池子"浑水"。如果老爸管得太多了，妻子的工作就难做，自己夹在中间难免尴尬。

阿军是个勤于上进的年轻人。他在业余时间参加了许多管理课程为自己充电。用他的话来说，这是在积蓄力量。在那段相安无事的日子里，张老板忙碌依旧，甚至因操劳过度引发旧疾而入院治疗。即使在病床前，他也不忘过问工厂里的事情。妈妈实在看不下去了，心疼老伴的身体，央求他早点交班安心养病。尽管张老板口头应着，暂时让阿军代行职权，但出院后一切又是涛声依旧。就连性格温和的妹妹也实在看不下去了，既心疼老爸，又心疼哥哥，终于有一天联合母亲逼着老爸尽快"缴枪"……

张老板终于做出了妥协，表示不再干涉儿子的工作。但阿军有自己的想法，不希望在今后的工作中处处有老爸的影子，同时提出权力要给得明明白白，交班也要交得彻底。如果再像过去那样反复无常，他就打算外出创业了，不再陪老爸"玩"了，不想让自己再耗下去……

父亲的打算

阿军回来后不久，我曾问他其中原因，他无奈地说自己没有其他选择。起初是不想放弃原来的工作，后来家里逼得紧了，他思想上出现了动摇，更有些担心。如果回来丢了铁饭碗且不说，万一自己做不好会对不起父母；制造业太辛苦了，他不想再像父亲那样每天忙忙碌碌；老爸又是一个很固执的人，今后的工作难免会发生矛盾。但是，如果选择不回来，内心压力可能会更大！妹妹已经不会回来了，如果自己再不回来，父母一定会很伤心，再说他们年纪也大了，老爸的事业总得有人顶起来吧。

随着采访的深入，二代子弟们的内心世界逐渐呈现出来。他们中的大部分人潜意识里认为自己迟早都要回来，只是时间问题而已。尽管父辈的产业不一定是自己兴趣所在，而且还有可能扼杀自己的事业梦想。尽管很不情愿，但留给他们的选择其实并不多，反而更多的是一种责任，是一种使命感。在未来十年的交班密集期中，阿军的故事会以不同的版本形式出现，我希望上代人不要让他们等得太久。

与阿军告别，没想到刚出门便碰上了张老板。他热情地把我拉进了他的办公室。饮过几盏热茶过后，自然就聊到了阿军。

"他现在还年轻，经验也少，遇事考虑不周全，多依着自己性子来，我会给他更多的机会和时间，过个两三年再看吧。"张老板这样评价儿子。

我了解张老板，固执是他最大的特点，而且对自己特别自信；工作中是典型的一言堂作风，很少能听进去别人的意见，就连他老伴都说他是个"犟老头"。

"阿军这几年成长得很快，工作能力也不错。他都30岁了，也结婚成家了。你身体也不好，没必要这么辛苦了，还是让他早点接班，你把关就好了。"我如是说。

"我也想呀，家里就这么一个男仔，我不交给他该交给谁呢？……"张老板欲言又止。

感悟与总结

现实中，像张老板这样的一代人不在少数，他们通常的特征如下。第一，只要身体条件允许，他们不会离开企业，更不想失去权力，那是一种情感，更是一种留恋，尽管知道迟早要交出权力。第二，他们总是习惯性地把已经成年的子女仍当成小孩子对待，担心他们不够成熟，容易把企业管错了方向，远离了自己的思路。第三，缺乏对退休生活的规划。习惯了原来的工作生活方式，一旦自己没事可做了，内心会极不适应，甚至有一种惶恐感。第四，心系老员工。自己不在其位后，担心他们会被接班人清洗，那将会很没面子。基于以上，我的建议是：

首先，尽早制定出传承规划和时间表，并清晰地告诉接班候选人，而不应该刚开始就是一笔糊涂账，让年轻人跟着感觉走，否则最后双方都不满意。虽然一代人淡出了企业，但威望还在，一旦孩子们出现决策上的失误或偏差，可以帮助他们纠错。

其次，子女的权力问题。该问题对应着子女的成长速度和上代人的意愿，两者之间是递进关系，前者最为关键。如何让父辈们的权力释放得更快一些，根本上取决于子女们的成绩单。

再次，有所为和有所不为。在传承的道路上，两代人都少不了因为各种问题而出现思想和行为差异。作为父辈，不应事无巨细，对孩子们的成长关怀备至，应当清醒地认识到哪些事该管，哪些事不该管，也就是有所为和有所不为，其中分寸如何拿捏到位非常关键。管少了，自己不放心；管多了，孩子们不满。其实这同样是个相互妥协和磨合的过程，一代人的格局和胸怀非常重要。

肩负家业振兴的大男孩

关键词： 次子接班　家业振兴　渴望创业

采访人物： 大志（创始人次子　某家具公司总经理）

回　归

大志，今年 24 岁，内定的家业接班人。

寒暄过后，缘于有着许多共同话题，气氛活跃起来，我们逐渐拉近距离。很快，大志的话匣子慢慢打开了。

他很健谈，话语中透着诚恳。

高中毕业后，大志就去英国读书了，这一待就是七年。回国后，他并没有回家，而是选择北上，进入上海的一家颇有名气的咨询公司工作。两年前才被老爸征调回来。

"你愿意回来吗？"得知当年他在上海发展得不错，哥哥已先于他回到父亲厂里工作，他是否回归似乎没有那么急迫。

"这由不得我，老爸召我回来自有他的道理。他现在年纪大了，当时厂里情况也不太好，我没有理由不回来。"大志回答得很干脆。

回来后，父亲给他的职务是总经理助理，负责工厂的全盘事务。对于这样的安排，不但大志直呼意料之外，我也认为这个决定未免有些过于唐突。毕竟长子已经在厂里工作几年了，而且大志还不了解企业，没有必要这么急呼呼地就委以重担吧？

接管家业

大志父亲经营着一家中等规模的家具企业，20多年了，靠着外销起家。其行业影响力在珠三角地区虽不是名列前茅，但也算得上是排名靠前了。工厂在2008年的那场金融风暴中很受伤，煎熬了几年后才缓过劲来。后来转战国内市场，生意略有起色。但随着国内同行业的产能过剩和市场消费持续低迷，企业始终在左右摇晃中。

工厂成立之初，大志的父亲便身兼数职，既是老板，又是销售员，同时还兼着产品设计工作。在那个年代，这种情况实在太平常不过了，绝大多数创始人都痴迷于凡事亲力亲为，更是一人多能，且乐在其中；直到身体不允许了，干不动的时候才肯放手。哥哥在三年前回来，现在担任副总，主管行政和采购工作；大志回来后不久，老爸就退居二线了，很少过问厂里的事务。

"那您父亲现在做些什么呢？"老爸这么快地放手，我的确是很少遇到，很想知道他现在的状态。

"他基本上不理厂里的事儿了，问得最多的就是每月的销售业绩和回款情况，再就是其他交办的事情。他没什么业务爱好，多数时间是在家里看看书。"

"谁在负责工厂？"我想知道兄弟两人各自的分工。

"当然是我了。"大志几乎是不假思索地说。

我有些诧异，这是极少听到的直白答案。显然大志已经被"钦点"了。接班人不是长子，而是次子。

"回来后没多久，老爸就找我谈过了。说得很直接，就是把这个厂交给我管理。"大志说道。

接着他又不放心地叮嘱道："你千万不要对外面说呀，老爸不想让太多人知道这事儿。"对于这样的安排，我想应该早不是什么秘密了。里里外外，明眼人看得很清楚，议论自然也是少不了的。所以，大志根本用不着如此警惕。

"那你哥哥知道吗？"我问得很直接。

"他应该知道吧，老爸跟他谈过了。"大志不自然地笑了笑。

对于家业传承，显然大志的父亲选择了"不走寻常路"，干脆利落地明确了工厂的继承人——次子大志。这种弃长选幼的情况虽然有，但非常少见，其中定有不为人知的原因。如果按常人逻辑推断，我想不外乎三种原因：第一，老爸对长子可能会另有"安排"，只是还未公开计划；第二，次子大志似乎更适合管理企业，把企业交到他手上更放心；第三，长子能力有限，不得不退而求其次。总之，父辈的决定自然不是空穴来风，或是想当然，一定是经过深思熟虑和反复权衡过。当然，以上也只是个人的主观臆断，其中还会有很多外人难以想象的原因。

振兴家业

"这两年的经营情况怎样？"我想知道大志接班后的表现。父亲这么快地卸担子，年轻的大志能扛得起吗？

"刚开始时我觉得管理企业很容易，但之后就觉得压力越来越大，需要学习的东西太多了，很多事情都要请示老爸。总之，我觉得很累，上班后基本上没放过假。不过现在好多了，不像以前那样心里发慌了。"大志很是自信。

"这间厂经营 20 多年了，存在的问题很多，不是我一下子就能解决了的，所以只能慢慢地来。现在外销市场不理想，同质化情况太严重，导致大家都在拼价格；内销市场要好一些，但竞争越来越大。整体上看，今年的情况要好过去年，订单情况还算正常，但受产能影响较大，部分货期不能满足，经常被客户投诉。再就是我们现有的设计团队力量比较薄弱，新产品竞争力不强。"

研发能力不强，这是国内企业的通病，仿造多于创造。对于大志所提到的产能不足，我表示不解。作为制造业工厂，最大的痛苦就是订单不足，毕竟这是企业的生命之源，相比之下，产能问题则没有那么严重。究竟出了什么问题？

通常产能问题主要受制于机器设备、原材料和员工数量，至于其他状况，委实不多。

"能说明下原因吗？"我想知道大志是如何解决这个问题的。

"现在很难招到工人，开工不足，车间里干活的人少，货期难以保证。"大志一脸的无奈。

招工难，确是实情。不只是在珠三角，全国各地都是如此，尤其是近几年的情况更糟，大家都在叫苦抱怨。我曾经也是打工族，对求职者的心态感同身受。对于那些尚未真正建立起对城市归属感的蓝领群体来说，他们的打工心态最为简单：无非就是能够找到一个稳定的工作，挣到一份体面的工资。但现实却很无奈，物价年年涨，生活成本又高，尤其是在沿海地区。就拿东莞的楼价来说，早几年还是不温不火，谁曾料到，2016年的春节刚过，房价便蹭蹭地往上蹿，半年工夫就硬生生地涨了40%以上！劳资双方天生本就是一对矛盾体，资方总是想用较低的工资招到最优质的工人，劳方则期待获得更高的报酬，而且随着国内劳动力红利的减少，劳方的议价能力正在越来越强。

"我们的工资标准一直没有调整过，其他同行早调了，平均高过我们几百块呢。工资偏低是招不到工人的直接原因。"大志坦诚地说。行业工资标准是多年下来约定俗成的，虽然没有具体工种清单，但是被老板和打工者都能默认遵守的，同时还要根据具体情况随行就市地调整。

"那你是怎样解决的？"

"为这事我几次找过老爸了，我想先把计件工人的工资调高，缓解一下现在的招工难问题，但他没同意。老爸认为一旦做出调整，不但牵扯到的员工人数很多，而且其他部门的员工也要跟风。如果照顾不到，有些员工的情绪会很大，更不利于企业稳定。但如果还维持以前的工资水平的话，别说招不到工人了，还很可能造成一线工人流失，尤其是其中的年轻人，哪里给的工资高，他们就去哪里，你根本留不住。"

我明白了。大志想通过增加工资缓解招工难，继而保证正常生产，但父亲却不同意；在这个问题上，显然大志无权做主。

"招不到工人可是件大事，必须要尽快解决，否则会影响到正常生产。你哥哥不是管着行政吗？这是他的工作范围呀。"我突然想起大志的哥哥来。

"哎……"大志欲言又止，表情复杂。

"他也想了很多办法，但都没什么效果。"大志含糊地说了一句，此后就再也没有提到过哥哥。

自从驾车驶入厂区，我便感受到它年迈的气息。整齐的厂房已经明显破旧，深浅不一的颜色，告诉我们虽历经粉刷，有些地方还是已经裸露出了土灰色墙体；办公大楼前的花坛里杂草丛生，显然是许久没人修剪了；进进出出的员工穿着各色的衣服，而不是常见的工衣制服……眼前这些情形与我看惯了的那些井然有序、整齐划一的生产企业有着较大的反差。虽然不能一窥全豹地贸然下定论，但这多少都可以折射出企业的管理水平。

对于招工难，我的建议是：长痛不如短痛，必须尽快解决，否则会影响到工厂的正常秩序。公司应在结合财务实际状况的前提下，根据轻重缓急，分批次、分步骤地制定出工资调整计划；更要及时向员工们解释清楚公司的现状，获得他们充分的理解信任。作为管理者必须要明白钱是大家赚来的，员工同样是企业的财富和利益共同体，应该让员工们获得更期待的薪酬，正所谓财散人聚。另外，工厂还要尽可能地提升员工们的工作和生活条件，如提供住宿、伙食、文化生活和受教育培训的机会，让他们感受到企业尊重和关怀的同时，增加对企业的认同感和归属感。大志听后，很是赞同，他说财政权在老爸手里，还要找他多谈几次，相信老爸会有所改变的，但对调整的幅度有多大没有把握。后来我才知道，工厂暂时资金紧张，大志的父亲拿不出更多的钱提供员工收入。

大志认为产品研发同样是他未来关注的重点工作。"做外销时，基本上是比着葫芦画瓢，按照国外客户的要求完成设计和生产的，自主研发的东西很少。转做内销市场后，产品设计上的劣势越发明显了，因为跟不上市场的脚步，导致每季产品定位不准确，叫好的主打产品不多，连贯性也不强。"

为了解决这个问题，在大志的坚持下，老爸做出了妥协。在保留产品研发部门骨干技术力量的同时，尝试将部分产品开发工作承包给专业的设计公司完成，希望利用对方的技术优势和市场判断力，开发出适销对路的产品。这种内外呼应的"两条腿"走路的方式，目的就是避开同质化产品的竞争，尽快形成自己的产品特色风格，提高市场占有率。

面对脚步已经略显迟缓的家业，年轻的大志在接班后的两年时间里，并没有进行大刀阔斧的激进式变革，而是亦步亦趋，步步为营。这或许是个不错的选择，毕竟他的权威、权力和经验都十分有限。如果年轻人的动作过大，很可能导致企业再次受伤。

尽管知道企业需要完善的方面很多，但大志对未来还是充满了信心。他说当年在国外读书时，虽然离家遥远，但父子之间经常在电话里聊到企业里的事情，尽管有些听不懂。他说那是一种难以说清的牵挂，总想着要问一下。

在总结二代青年特质时，我发现他们身上表现出一种共有的特质：少年老成！在接触中明显感受到他们超越同龄人，不但说话办事比较沉稳，而且大多数低调谦逊，明显区别于其他家庭的孩子们。分析其中原因，这与他们从小耳濡目染的家庭环境不无关系，更与他们所肩负的使命有关。

传承之路

大志认为老爸把企业交给他既是信任，更是压力，自己没有理由做不好，而且没有其他选择。从回来的第一天开始，除了出差之外，他几乎所有的时间都是泡在厂里，总有做不完的事情。父亲虽未曾正式对外公开他的接班计划，但大志表示并不介意，他说要通过工作成绩来证明自己，而且有信心在30岁之前实现正式接班，同时他还为自己制订了成长年计划。

听到这些话，我很欣慰。正是这种对家族产业的责任和成就自己的追求，使得大志坚定地走下去。理想虽丰满，但现实很骨感。他毕竟还年轻，传承之路充满着艰辛和变数，除了要承受外部的各种经营考验之外，更要面对家族和企业内部的种种关系。他能否越过重重传承障碍，并把企业带向新的高度，这些都是让我放心不下的。分析如下：

首先，大志父亲退得太快太早，与其说是激流勇退，倒不如说是"甩掉"包袱。他的治业之术、管理经验、人脉圈子等还远远没有传递给两个儿子。大志说父亲没有制定任何的培养规划，过去的两年全靠自己单打独斗，只有搞不定的事情才请示父亲，更多时候是在自己朋友圈里寻求解决答案。儿子过早地接手企业，成功的概率到底多大？企业会不会付出额外的培养代价？儿子的工作激情能维持多久？会不会因某种挫折而一蹶不振？这些都是让人放心不下的。建议父亲应该花些时间辅佐大志，为他出谋划策，为他排忧解难，甘心当他的铺路石，成为他最有力的臂膀。然而，老爸的突然抽身，看似是把主角留给舞台上的他，鼓励他学会独立掌舵，但这种方式是否恰当，的确值得商榷。

其次，从大志话语中，不难发现企业的实权仍在老爸手里。很多事他都要征求父亲的意见，无形之中也给了他一个不退休的理由。他现在所做的工作多半是执行具体事务，远未到独立决策的地步。老爸怎样赋予儿子更大的权力空间，大志能否用好权力，这同样考验着父子俩的智慧。

再次，为了服从父亲安排，大志放弃了自己很多的爱好。尽管他现在担任着某个公益组织的秘书长，很多活动等着他筹划和组织，但他根本无暇顾及。他喜欢从事餐饮业，梦想有朝一日开一家自己设计的特色酒吧，与朋友们谈天说地；他对投资也有兴趣，尤其是在商业地产、基金和艺术品收藏等方面。总之，面对各色诱惑，年轻人总是难以抗拒的，假使有一天，大志累了，倦了，或在妻子、朋友无意的闲聊中开始反思，自己为家族所付出的这一切是否值得？

最后，与传统的长子继承家业相反，作为次子的大志正在接过父亲的事业。此消彼长之间，兄弟俩之间的关系会变得微妙起来。当被问到家族资产的未来分配时，尽管大志先是颇为大度地强调一切都听从父母安排，但紧接着话锋一转，补充道："到时候还需要大家商量一下。"此话颇是耐人寻味。

个人生活

身为富家二代，大志并不在乎社会上对这个群体的某些偏见，只说做好自己就行了，认为当中不成器的子弟毕竟是极少数，大都会在各自的事业上有一番作为。

大志有笃爱的女友。她有着体面的工作，家境富足，他们曾聊到过未来。如果将来成家了，她并没有加入大志家业的打算，而是坚持自己的工作。至于结婚计划，大志说等到做出一些成绩后才能确定具体。现在的年轻人普遍倾向于晚婚晚育，甚至有些干脆选择不育，这是在生活成本高、工作压力大之下做出的无奈选择。但李锦记"家族宪法"中对子女婚姻的规定或许可以从另外一个侧面给到他们一些启发。李氏家族不鼓励晚结婚，认为早成家才能早立业，担负起家庭和事业的责任感。李文达老先生的主张虽有干涉儿孙们婚恋选择之嫌，但似乎也不无道理。

用大志的话来说，他几乎把所有的时间都给了这间工厂，感觉很累。

"正式接班以后，我要聘请职业经理人协助我打理，一个人真是忙不过来，也不想让自己那么辛苦，关注那些大事情就好了。"我发现与上一代人相比较，二代们似乎更加开明，普遍会考虑吸纳更为专业的家族外部的管理人员到企业中来，这应该是个好的趋势，其中虽各有利弊，但这也说明了二代们正在向着现代型管理者靠拢，趋于包容和开放，这对企业未来发展而言总归是个好事情，因为家族内的人力资源有限，不一定每个孩子都具备管理技能和对企业有兴趣，这也意味着并不是所有的子女都能成为优秀的管理者。

我观察到大志并不想过多评论哥哥，隐约感觉到他似乎有一种愧疚感：自己抢了哥哥的位置，尽管是父亲指定的，同时大志也感觉到了这种安排已经影响到了他们兄弟之谊，这让他感受到了压力。对此，我的建议是老爸应尽早公布接班人和明确各自角色，没必要躲躲闪闪。为了避免孩子们之间的互相猜疑、掣肘，甚至是过分竞争，必须尽早明确传承规划。只有明确各自在家业中的责任后，兄弟姐妹们才会放下包袱轻装前进，齐心协力，共同推动家族产业的发展。

感悟与总结

随着对大志了解的深入，我相信只要他能耐得住性子，静下心来，沉下去，在父亲的指导下，再加上些运气，他应该有着美好的前程。

对于儿子们的成长，父亲既要无为而治，更要适时地对他们进行辅导和点拨；同时还要创造各种机会帮助孩子们尽快树立管理权威，增加他们的信心；在权力的取舍上，尽可能地做到一张一弛，放多放少之间，父亲要拿捏有度，避免扭扭捏捏。相信大多数孩子会珍惜父辈们给予的权力，不会轻易挥霍的。

  对于兄弟二人同在家族企业工作的案例，我遇到过很多，但次子接班的情况并不多见。如何对大志兄弟进行工作角色定义，我建议其父应及早地明确，尤其是对大儿子的未来培养安排，同时更要做好兄弟之间的权利平衡，现阶段二人不宜反差过大。另外，大志对于哥哥，更要做到应有的尊重和理解。至于将来各自成长的前景，在需要时间考量的同时，更是在检验父母的智慧。

两代人的转型

关键词：儿子创业　父亲转型　儿子回归

采访人物：小吴（创始人次子　某物业公司副总经理）

约到卫叔几乎没费什么周折，说明来意后，我们很快就定下了见面的时间，地点在他自家的酒店里。

卫叔是我 20 多年前初来广东打工时的第一个老板，他虽文化程度不高，但性格温和，对属下历来不错。我曾经在他的一家企业中工作过两年时间，彼此间关系很融洽。尽管后来我离开了，但这么多年以来我们一直仍保持着联系。逢年过节，我都会通过各种形式向他表达问候，有时还会驱车登门去探访。

家庭和事业

卫叔是当地有头有脸的人物，早年曾是当地镇办企业的厂长，后独立经商，经营着两间颇具规模的制衣厂，还有众多的地产物业。他育有一儿一女，长女幼男，均已成家。女儿嫁入豪门后便离开了家，夫婿亦是家族企业；儿子迎娶的则是地道的灰姑娘，儿媳后进入卫叔工厂里从事财务工作，儿子则在外面创业。在我的记忆里，卫叔对女儿和儿媳特别好，说话总是客客气气，对儿子则是另外一副面孔，似乎从来没有个好脸色，有一次我甚至亲眼看到过他们父子俩在办公室里发生争吵，在此我将他的儿子唤作小吴吧。之前我和小吴没有任何的交集，直到后来卫叔指派我协助他筹办纸品厂，我们彼此之间的接触才逐渐多了起来。纸品厂是卫叔投资的，儿子是法人代表。

当年的小吴绝对是帅哥一个，高高大大，人缘好，颇有时下红星吴亦凡的感觉。他工作起来风风火火，毛手毛脚；热情有余，能力不足；每遇到搞不定的事情索性就做了甩手掌柜，有些虎头蛇尾。

再见卫叔

在咖啡厅小包房里我再次见到了卫叔。差不多两年没见了，他看上去气色不错，声音依旧洪亮，精神矍铄。

寒暄过后，我便将话题引入正题，主要是担心聊得时间久了，老人家身体吃不消。

当我们聊起近几年的事业发展，卫叔脸上多了些苦涩，语气变得缓慢。"前年工厂就不做了，厂房、设备都租给人家了，现在只剩下物业了。"

听来的"故事"

对于卫叔的近况，我已先从他的外甥女那里听了个大概。我们当年曾在卫叔厂里同一个部门工作，关系相处得不错。后来她在我家附近购置了新居，因为距离近，所以两家人有机会经常小聚。卫叔毕竟是旧主，谈话间自然会提到他，其实更多的话题是关于他的儿子。小吴生性贪玩，又不喜欢卫叔的工厂，于是就选择了创业。当年的纸品厂就是他的第一个项目，因为经营不善，很快就歇业了。后来，小吴又陆续投资了其他项目，大到纺织设备厂，小到饼屋连锁店、影楼、沐足等，大大小小的加起来得有七八个，但持续的时间都不长，没有一个修成正果。卫叔着实为他投了不少钱，但都打了水漂。尽管如此，儿子仍不服气，就是不肯回到父亲身边，卫叔很是失望。从此，他再也没为儿子投过一分钱。

经历 2008 年的金融危机后，卫叔的服装外销生意遭到很大的冲击，经营状况一路下滑。后来，他就索性相继关掉工厂，把原有的厂房和设备统统租赁了出去，坐等收租；加上其他的物业收入，现在他每月的租金收益超过百万元。用他外甥女的话来说，这都是不争气的儿子惹的祸。

"转型"

正是缘于对以上情况的了解，我不由得尽量避开关于小吴的话题，以免触碰到卫叔的不爽。

"传统的制造业的确是比过去困难，现在的大环境也差，转型是迟早的事情。"我委婉地安慰道。

"是的，现在的生意不比以前了，好的项目也不多。你看在这个镇上，每到年底的时候都会有些工厂倒下去，甚至还是大厂。再说我现在年纪大了，已经干不动了，不能再像以前那样了。"卫叔感慨地说。在此顺便普及下东莞的镇区特色，东莞市作为"世界工厂"，下辖 4 区（后改为街道办事处）和 28 个镇，未设县级市。但所辖的各镇之经济体量，万不可与内陆省份的普通乡镇作比，个个有着独特的发展主业，经济发展水平高，尤其是虎门、长安、厚街等发达镇，其 GDP 总量甚至远超其他省的地级市。

"我已经把厂房和设备都租赁出去了，前年还建起了一个工业园，对外招商出租厂房；另外我还有其他一些物业，包括这间酒店。钱虽说没有以前挣得多了,但我现在省心呀,日子过得也轻松。不想那么多的烦心事,每天生活得开开心心。"

买铺收租和购地置业对于广东人来说,早已是植入骨髓的理财首选,卫叔亦不例外。对于今天的结局,我想他应该早有心理上的准备,尽管有些无奈。

"您现在算是退休了吗?"我试探着问。

"是呀,我都60多岁了,还不退休?厂子关掉的第二天我就找儿子长谈了一次,告诉他把物业工作管起来。这项工作不难做,无非就是日常管理和收租。他以前做过很多事情,但都没有成功。到了我们这个年纪,很多事情都看开了,也看淡了,要知道并不是所有的孩子都能够事业有成的,我也只希望他能把这项工作担起来。我现在对他的工作还算满意,至少没出过什么乱子。"

卫叔的这番话多少让我感到意外,我本以为他不愿提到儿子,没想到他如此平静地道出。尽管话语中流露着无奈,但我发现他似乎对今天的结果还算满意。

退休生活

"您现在的生活是怎样安排的?"

"虽然现在不像管理工厂时忙碌了,每天的生活也很有规律,但一下子清闲下来时我还是很不习惯,毕竟经营工厂那么多年。工厂从小到大,就像自己的孩子一样。当我决定放弃的时候,顾虑很多,很难割舍,但没有别的办法。年龄越来越大,体力和精力跟不上了……现在我已经适应了,不再想过去的事情了。我没什么其他的生活爱好,现在和两个孙子在一起是最开心的事情!陪他们写作业,讲故事聊天,看着他们一天天地长大,接送他们上学是我每天的工作。两个孙子学习很用功,成绩不错,比他老爸强,将来一定会有出息的。"

说到这里，卫叔的脸上浮现出自豪和满足，话语里满满都是寄托。除了老伴，孙子们就是他幸福生活的源泉。

关于儿子

"应该早点培养一下小吴啊？"我知道小吴的性格尽管是桀骜、浮躁，但心地善良。作为卫叔唯一的儿子。偌大的家业能不交给他吗？根据我对卫叔的了解，他是不会轻易让家族外成员管理自己的企业的，这也是这么多年来他始终亲历亲为的原因。像他那代人，尽管周身血液里流淌着敢为天下先的创业精神，但对待家业传承，仍多是将目光锁定在家族内部。这既是出于对外人不信任的原因，更是源自自身由始至终的不安全感。

卫叔用略微颤抖的手端起茶杯，轻呷着，缓缓地说：

"很多事不是由我能决定的。女儿很能干，但她已经嫁出去了，还有两个孩子，都在读书。女婿也有自己的工厂，女儿还要管财务，两头都要忙，我能叫她回来吗？儿子呢，读书不行，又不愿意回厂里来上班，一心想要自己创业。开始我是不同意的，后来也想通了。如果硬留在身边，他能安心吗？留人也是留不住心。既然这样还不如让他到外面闯一闯呢，说不定还能行呢，反正他迟早都要回来的，否则这个家交给谁？几年下来，钱是花了不少，但他什么也没做成，为此我没少骂过他，有段时间见了我就躲。现在回过头来想一想，我是有责任的，他毕竟还是个孩子。"

听到卫叔的自责，我有些诧异。在我采访的一代人中，很少有人敢于坦言承认自己过失，我想这与中国的"面子"文化和社会有着直接的关系。在子女教育方面，父母多是表现得很自信，即使引导有误，他们也会碍于面子而不愿意面对。

"那时我多半时间都在厂里，很少和孩子在一起。一直以来我都认为很了解自己的儿子，其实后来才发现这只是我的错觉。儿子虽然在能力方面差了些，但他本质还是好的，不是那种惹是生非的孩子。既然他不想回来，逼他也没用，结果可能会更糟。交给别人吧，一时半会儿也找不到合适的人，再说我也不放心。在没有其他更好的选择之下，与其冒险去赌不知道输赢的结果，还不如趁早解脱吧。工厂整体转租出去后，虽然收益没以前高了，但收入稳定，每年还有10%的递增。这样既能保证将来不会坐吃山空，而且还保留了土地和厂房，或许以后还有更好的机会。他长大以后，我还是动不动骂他，他也感到委屈，自信心都没了。哎，如果当初我们之间交流得多一些，多听听孩子的想法，或许不是今天的结果。所以说，在家庭教育方面，我是有责任的。"

卫叔轻叹了一声，接着说："现在说什么都晚了，所以我现在经常提醒儿子要多陪伴他自己的儿子，父子之间要成为朋友，只有这样才能相互了解和信任，不要再犯我当年的错误了。"

"小吴现在管理得很好吧？"我相信人总会改变的。

"还行，毕竟是40多岁的人了，明白事理了，也知道体谅我们了。物业上的事情基本上都交给他了。"

艰难选择

"很难做当初的决定吧？"我非常理解每一个老板对企业的情感，若将自己一砖一瓦砌成的工厂一夜之间拱手让与他人，那将是多么的痛苦！而且那种大恸只有自己才能体会得到，更与何人说？突然间，我有些后悔，不应该让老人重忆旧事。

"说实话，我前后想了两年。肯定舍不得了，哪怕是在我手上做死的，心里都会好受些。如果交给了其他人，做好了当然谁都开心了，但万一做不好呢？"

做什么事情都有潜在的风险，何况是生意？我觉得卫叔过虑了，或许是上了岁数的人愈发地保守。

"不说这个了，我最头痛的是如何安排那些老员工，感觉没有照顾好他们。只要能想到的办法我都试过了。虽然做不到让每个人都能满意，但我已经尽力了。新老板找我谈租厂时，我的条件之一就是尽可能留用厂里的老员工。至于那些不能留下来或自愿离开的，我就出钱补偿。只有这样，我心里才会好受一些。"

不难看出，卫叔是个善良的老板，心里还装着那些当年和他一起打天下的老战友，尽管彼此间的地位和财富数量相差迥异，这是后代们很难体会到的。这就像之前采访过的一位企业家对正在接班的儿子所说："其他人你都可以动，但有些老员工，你一定要先问一下我。"

偶见小吴

时间过得很快，不知不觉一个多小时过去了。我实在不忍心打搅老人家太多时间，正准备结束时，卫叔手机突然响了，正是这个不合时宜的来电，让我重新坐定下来，而且很快就见到了他的儿子。

从他们的通话中，我隐约听到是关于厂房改建的事，但不知电话那端是谁，好像等一下就会过来。

"亚志一会儿要过来。"卫叔放下电话，"我们在这里等他一下。"

亚志就是小吴，卫叔的儿子。我突然有一种莫名的期待，很久没见过他了，不知道他现在变成了什么模样。

很快，小吴就到了。

见到我时，他表情有些狐疑；客气地打过招呼后，就坐到卫叔身边，边说边摊开了一叠文件。

看着对面的小吴，我颇为感慨。时光如电，昔日的帅哥，如今已是中年人，身材已经略微发福，俊朗的面庞上有了依稀可见的皱纹。从父子俩的交谈中，我听出了大致内容：客户提出对工业园现有的厂房结构进行调整，小吴此行的任务就是请示父亲的意见。举手投足之间，我明显感觉到他沉稳了许多，毕竟已是不惑之年。

卫叔先是简单了解了调整的范围，随手翻看了下几页图纸后便征求儿子的意见。小吴言简意赅地谈了自己的想法，从改造方案到消防审核，再到整改所需费用和租金价格，等等。其间，卫叔没有插话，只是安静地听。直到儿子介绍完了，他才缓缓地开口："可以的，你定吧。"然后，抬手指了下对面的我说："还记得他吗？"

"哦，"小吴扭过头，定眼看来，若有所思。"我是当年和你一起筹办纸品厂的阿东呀。"我主动自报家门，省得他猜来猜去地尴尬。

"啊呵，是你呀，刚进来时我就觉得有印象，只是没敢认。"小吴猛然回神，紧接着一只大手热情地伸了过来；细看上去，现在的他变得谦逊了许多，少了当年的躁动。

"现在接老爸的班儿了吧？"我明知故问。

小吴不好意思地转头看了下父亲，笑着自嘲地说："呵呵，还在学习中。老爸是老板，我在给他打工。"

在接下来的聊天中，小吴的手机时不时响起，直至催促着他匆匆告辞起身离去。

谢绝了卫叔共进晚餐的邀请，我起身告辞。

"谢谢你来看我！"卫叔扬手送别……

感悟与总结

传承"异路"

卫叔作为改革开放后的较早一辈洗脚上田的企业家，在历经创业致富之后，同样难以回避地遇到了接班问题。与其他企业主不同的是，他并没有延续自己的实业生命，而是选择了另外一条路：结束实业，转型做出租。做出决定的唯一原因就是儿子无心加入且能力有限。权衡之下，卫叔只能无奈地选择了"转型"之路。我认为这种做法有它的巧妙之处，那就是可进可退。卫叔通过保留下来不动产，埋下了东山再起的种子。类似的传承方式，我还遇到另外一例。父辈早年起家于工业设备制造，但两个儿子对机械行业都毫无兴趣，选择创业后屡战屡败。失望之余，老爸索性将工厂卖与他人，转做投资商铺，儿子负责收租。

子女创业问题

毫无疑问，富家子弟的创业机会总是多过寻常百姓。小吴无心回归家业，渴望通过创业实现理想并证明自己的价值。尽管几经失败，但仍不甘心，直至被卫叔抽刀断水。年轻人的创业精神固然值得鼓励，但我并不赞成盲目的试错。原因在于，在大众创业的时代背景下，年轻人会变得愈发浮躁，自信心正逐渐被掏空；同时也正因为在经济上过度依赖父母，造成他们的心理困惑。我在研究中发现，凡是选择新事业的二代，绝大部分的创业资金来自于家庭，而且初期失败率较高，所以我建议他们务必保持清醒的头脑，多听一下父母的意见；同时对于那些不适合独立发展的孩子，或许回到家族企业里锻炼成长更务实一些。

两代人的交流

在对儿子的培养问题上，卫叔自责不已。早期疏于陪伴，缺少对儿子的了解，放任其盲目投资创业，方式简单粗暴……我不知道现实生活中也有多少父母可以对号入座。假如当年父子间的交流机会多一些，更多地相互了解，或许是另外一种结果。父母是孩子最早的老师，在孩子们成长过程中，陪伴和鼓励在当下尤为重要。

总之，卫叔虽不是功德圆满地全身而退，怀有些许遗憾，但儿子中年之后的"船到桥头自然直"，的确让老人家感到欣慰，尽管这一天来得晚了一些。实业虽然没有了，但未来根基尚在，只要儿子能守好江山，第三代就会有未来。如近期媒体爆出的鲁泰Ａ创始人刘石祯将公司管理权交给儿子，将股权交给孙子的故事为家业传承提供了新的思路。

另辟蹊径

关键词：病痛　改变　新事业　股东儿子

采访人物：小康（创始人的独子　某地产开发公司副总经理）

董事会

20年前，康老板从粤西山区来到中山打工，因为只是初中学历，所以他并没有太多的选择机会，第一份工作是化工厂里的保安，这一干就是五年。在这段时间里，除了规规矩矩地上班执勤之外，他业余时间也没闲着，凭着一股好学劲头儿，日积月累之下他居然学会了不少化工知识，空闲的时候就窝在简陋的出租房里做实验，甚至调制出简易的洗涤液卖到附近的大排档。时间久了，他那颗不安分的心便躁动起来，萌发出自己创业的念头。1998年夫妻俩先后从工厂辞职，拿出平生所有的积蓄，从小小的手工作坊开启了创业征程，他们的"业务"最初是从为化工厂清洗废旧原料桶开始的。在历经十余年的艰苦打拼后，在亲戚朋友们怀疑和艳羡的目光转换中，今天的企业已经发展成为珠江右岸颇具规模的化工厂，主营工民两用的洗涤用品。

然而，天有不测风云，命运不时会捉弄人。三年前，正当康老板踌躇满志地描绘事业蓝图时，他的生活节奏霎那间被打乱。

因过度操持企业，康老板的身体亮起了红灯。在一次例行体检中，加强

CT 发现了他胃部的恶性肿瘤。尽管诊断出是早期,但还是把康老板吓到了,夜半时分,夫妻两人抱头痛哭。幸运的是因发现及时,刚过 50 岁的康老板在得到积极有效的治疗之后,病情逐渐稳定了下来。此后,遭此劫难的他一下子改变了许多,仿佛变成了另外一个人。不但性格上表现得愈发低调,一副与世无争的样子,而且工作上的事情明显也管得少了。不久,他在管理上做出了重大调整,先是将负责销售的弟弟直接提拔为公司总经理,负责工厂全面工作;同时宣布成立公司董事会,将弟弟和生产、技术经理纳入进来。董事会共有五位成员,康老板担任董事长,康太主管财务工作,夫妻俩共同持有公司 70% 的股份;弟弟通过哥嫂赠送的方式获得 20% 的股份;另外两名经理同样各被赠与 5% 的股份。董事会成立后,凡是公司的重大经营活动均需通过董事会讨论决定,而不再像以前全凭康老板一人拍板。从此,康老板从台前退到了幕后,再也不像以前那样亲力亲为了……

家有子女

康老板夫妇育有三个孩子,两女一男,均已成年。长女大学毕业前就明确表示将来不参与父亲的事业,后成为了一家杂志社的美术编辑,已经成家;次女则被更胜一筹的富家男同学迎娶,公婆经营着一家大型的电子厂,其夫婿是家中独子,现已在接班的路上,她现在厂里的财务部工作。最小的孩子是男丁,在本文中我将其称为小康。他选择的是计算机科学与技术专业,大学毕业后一门心思想着能够进入华为、中兴这样的巨擘企业。但毕业的前一年,在母亲多次苦谏之下,表示愿意将来回归父亲企业里工作。

"毕业后的第二天我就很自然地到厂里报到上班了,两个姐姐都已经出嫁了,老爸身体又不好,我别无选择,只能回来。"小康提起此事,尽管有些无奈，但神情却很坚定。

叔 叔

康老板将化工厂交给弟弟后，基本上就成了甩手掌柜，只挂名董事长，大小事务全由弟弟操持。弟弟小他几岁，几年前在外创业失败后被哥哥收留，管理国内市场销售业务。尽管兄弟俩感情甚笃，但脾气秉性却有着很大的差异。康老板为人谦逊，包容心很强，听得进去各种逆耳之言；弟弟则颇为自负，在工作上多表现的一意孤行。弟弟执掌大权后，有些得意忘形，更加地跋扈，一改哥哥始终秉持的"步步为营、稳中求胜"的经营策略，而是将企业发展直接提速，步子迈得很大，意欲短时间内占领更广阔的市场空间。他先是扩产能，后又招兵买马，增设各种部门，企业架构一下子变得臃肿起来，不但出现了人浮于事的工作之风，而且在他的强硬处事之下，企业文化开始变得唯唯诺诺和一团和气。其间，康老板并没有过多干涉弟弟的工作，只是更多地建议他不要贪大求快，步子可以走得慢一些。但弟弟却不以为然，仍是固执己见。久而久之，管理层会议逐渐只剩下了他一个人的声音，很多管理干部都"明智"地选择了保持沉默。在资金投入问题上，他也与家嫂产生了分歧。他主张新增生产线，大干快上；而家嫂则坚持通过设备共享或改建的方式实现资源整合。结果双方僵持不下，"官司"便打到了康老板那里。康老板痛苦权衡之下，最后还是说服了太太……如此折腾一年之后，年终报表出来了，结果却是事与愿违，经营效益不升反降，库存和呆坏账增加。压力之下，弟弟选择了另一个极端，试图裁员减负，当时小康还没有毕业。

儿子回归

康老板终于等到儿子毕业回来了。

上班前，康老板给儿子制订了三年学习计划：每隔半年更换工作岗位；岗位顺序依次是生产—技术—财务—管理；各部门经理和儿子各自完成工作评价；学习结束后根据实际情况确定小康的工作岗位。他的目的是通过基层的实际锻炼，让儿子全面了解到企业运作情况。第二天，小康便以入职新生的身份开始了工厂生活。

一年级上学期，小康是在人力资源部工作，职务是人事专员。工作内容是管理员工的人事档案和协助主管进行员工的招聘和面试工作；下学期转入采购部，成为原料采购员，负责若干原料及时采购、品质检验和与供应商对账。即将升入二年级的时候，计划突然生变，接着小康被迫"中断"学习生活，后离开化工厂，陪同老爸西进，参与到父亲新的事业中来。

新事业

小康的学习生活因何被打断？原来是老爸有意将事业转向了。

在招商引资的聒噪之下，康老板始终被粤西老家的政府父母官们惦记不忘。经过长时间的接触和对方持续的感情投资，在优惠政策的感召之下，康老板终于做出了回粤西老家投资的决定。但他这次并没有选择化工老本行，而是另辟它路，与当地政府合作建设工业园，为即将进驻的各家投资企业提供厂房和其他设施的配套服务。为什么要做出这样的决定呢？他是这样解释的。

"经过近 20 年的发展积累，企业已经趋向于平稳了，处于一个往上拉升和向下衰退的关键节点上，而且市场上的同类竞争对手众多。如果企业在短期内没有出现重大技术突破的话，在经营成本逐渐增加的今天，企业只能趋向于缓慢增长。"其实这种情况对于珠三角地区的企业太正常不过了，这是企业发展的必然规律。但对于早已习惯快速增长的企业主们来说，对于低速增长总是有些不适应。当下，经济的新常态就是缓慢增长。

"如果继续加大研发投入，尽管风险和机会并存，但对未来并不乐观。在环保意识日益走进千家万户的今天，清洁产品的使用量已经逐步受到抑制，除非部分产品进行升级换代。儿子虽然回来了，但他未必就一定能喜欢化工行当，毕竟他是半路出家，将来能不能全身心投入还是未知数；将来一旦儿子完成了接班，我弟弟的位置难免就会变得尴尬。现在的年轻人和我们的想法不同了，观念也不一样了，他迟早会有自己的团队。正巧赶上老家有这样的投资机会，尽管前期投入比较大，但后期如果经营得当的话，未来收益还是相对稳定的。我想这应该是个不错的选择，于是我就把儿子从厂里抽调出来，和我一起去干新事业。儿子毕竟可以从头开始，或许这样更有利于他今后的成长，权当是他自己的事业了。"康老板说得慢条斯理，介绍得很详细。

于是，康老板再次召开董事会，对接下来的人事安排和股权分配重新进行调整。康太卸任财务部工作，只保留董事身份，该部门负责人由外部直接招聘；康老板夫妇所持有的70%的股份减持为60%，儿子小康获得10%的赠送股份；其他人员所持有比例维持不变；同时引入激励考核机制，只有完成当年的利润指标之后，相关人员方能享受到分红奖励；如果未达标，则只有正常工资收入。

很快，康老板完成新公司注册事宜，它完全独立于化工厂之外。在注册总资本金中，康氏夫妇占有80%，另有20%挂在小康名下，该部分出资额暂由父母垫付。随后，小康随父亲西进，参与新公司运作。但在实际工作推进中，康老板多是"嘴上"功夫，具体工作则是交给小康打理。由于一切从零开始，小康便索性放开手脚大干起来。他说做错了也不怕，反正有老爸在背后撑腰。

很快，新公司搭起架子来之后，康老板便很少"光顾"了，十天半月才过来一次，只留下儿子负责打理。

采访小康

尽管小康脸上仍挂着些许的稚气，但在平缓的语气中却透露着沉着。看来，康老板已经把儿子调教得有些模样了。

"在化工厂学习有怎样的收获？"绝大多数的父辈选择将孩子的接班起点设定在基层，小康亦不例外，而且康老板还为他量身定做了学习计划。

"还行，工作虽不累，但内容很琐碎。人事工作还是很重要的，以前我有些偏见，但经历过后体会很深刻。我在参加招聘面试中发现眼下许多年轻人的工作心态和我父亲那一代已经不同了，他们的想法也多，这就对人事部的工作内容提出了新的挑战；采购工作看似只是简单的重复，但要真正做到资金的有效使用和采购物资的物尽其用并不容易，而且还要经常参与到技术开发环节。尽管我们生产的是标准化产品，但还是堆积下来很多库存，有些原料放置的时间久了就一文不值了，更何况那些生产非标准化产品的工厂？起初父亲考虑安排叔叔培养我的，但他总是很忙，没有太多的时间，所以我只能先后在两个部门里按部就班地工作了。半年以后，老爸推荐我加入了商会里的青年会组织，多了一些与二代们在一起交流心得和互相学习的机会；同时他还专门聘请了家族办公室的专职顾问对我进行单独辅导，主要是有关于经营管理、财务知识和接班成长的课程，之前根本就未曾接触过，对我的启发很大。"

"新的工作还适应吗？"小康刚适应了工作不到一年便匆匆切换到新的角色，在两个完全不同的领域里，他会有怎样的心路历程变化？

"刚开始很不适应，既兴奋又胆怯。相比之下，我还是更喜欢现在的工作。

筹建新公司时，几乎就只有我一个人在忙里忙外，感觉就好像是自己在创业，压力自然很大。前期的工作主要是与当地政府的各部门打交道，我很不习惯，有些怵头，但工作还是必须要做的，后来我发现其实这很磨炼人的性格，慢慢地就找到感觉了。在工作安排上，其实老爸只是给了我一个框架，告诉我工作内容和方法，剩余的就由我摸索着干了。不懂的事情我就打电话问他，他对我没有什么具体要求，只是更多地提醒我要把工作做得细致和扎实。"

"听说你已经是新公司股东了？"

"啊，是呀。"小康显然有些不好意思，"但我没钱出资，那是父母预支的，将来我是要还给他们的。其实，我并不在意这些是否给予，给不给我还是一样地工作。只不过现在头顶着这顶帽子，压力会更大，我一定要把工作做好，不能让父母失望。"

感悟与总结

关于企业家的"格局"问题

有人曾将国内的民营企业主形象地比喻为是"两院院士"，要么身体累垮进医院，要么违规经营进法院。此话虽为笑谈，但却真实地折射出他们的生存现状。康老板在经历病痛之后，似乎变得大彻大悟，心胸格外宽广起来。首先，他成立了董事会，在明确弟弟身份的同时，同样也给个别优秀管理干部参与到企业管理决策的机会。在我所接触到的家族企业中，成立董事会的比例是非常低的。康老板能有如此魄力，实属不易。在企业成长的路上，成立董事会是实现公司治理现代化的重要标志之一，只有明晰产权才能明确各自的身份和角色定位，从而更能保障企业制定正确的决策。其次，他给了弟弟一个"交代"，使他成为企业真正的拥有者和管理者。尽管他采用的是赠与的方式，但这种"财散人聚"的方式进一步巩固了兄弟之间的手足之谊，更在无意之间给儿子做出了身体力行的榜样。再次，为了弱化矛盾，他主动劝退夫人离开工作岗位，为弟弟营造了更宽松的经营环境。这种魄力不是所有的企业主都能做到的，康老板内心一定承受着来自企业能够健康持续发展和家庭的双重压力。康老板的这种大局观，既是企业主管理智慧的提高，更是认清企业发展之路的具体表现，同时更为儿子的未来成长拓宽了道路。

培养模式

如果康老板没有二次创业机会的话，儿子将很可能按照他制定的三年规划走完接班的第一步。这既是一条传统的老路，也是被公认为培养效果较好的路径。但康老板却出人意料地选择了通过开辟新事业的方式培养儿子，颇有些意外。两种方式之间虽各有利弊，但我更倾向认同后者。因为小康在新的事业环境中从一张白纸开始，不宜受到关系的束缚，脚踏实地地跟着父亲成长。这样他会将情感融入到企业里，也会更加从容和自信。这种安排还巧妙地避开了留在老企业中与叔叔发生经营冲突的可能性，远离了亲情关系上可能发生的各种纠结。在新事业起步伊始，康老板就通过股权设定明确了儿子的身份，从而赋予他更多的责任，更有利于他将来的成长，今后接班则变得水到渠成。康老板的这步棋，无疑是充满前瞻性的。

关于公司股权设计问题

在调研中我发现，即使许多二代青年已经在接班的路上，甚至个别已经触及了父辈手上的权杖，但他们却仍对不放权的父母有诸多抱怨。我认为在传承的道路上，除了通过职位设计赋予下一代人权力的同时，更应尽早考虑在股权设计上加以明确，但在受访人群中却鲜有人得到企业的实际股权。这种情形之下，子女们自然会表现出不安全感和归属感，他们需要从父母身上获得更多的认可，而股权则是其中最为直接的方式。在这个问题上，康老板聪明了许多。

尽管新事业才刚起步，他便让儿子成为了公司股东。这种身份可能是一副紧箍咒，但却更像对儿子的一种激励和信任。尽管它来得早了一些，但我认为利大于弊，相信小康是不会辜负父母的期待的。同时，小康还持有化工厂 10% 的股份，这在对外昭示小康仍是企业主人中一员的同时，也为他将来可能全面顺理成章地接管家业打下了坚实的基础。换句话来说，也就是康老板早早置办下了所有食材，他正手捧着菜谱，手把手地教儿子如何烹饪一道传承大餐……

探寻家业传承的未来趋势

"事物的发展动向",这是字典里对于趋势的解释。哲学上认为趋势是由事物本身的矛盾所决定的,而且有规律可循,甚至是可以被人认知的。现实生活中,瑞雪兆丰年便是其最为生动的解释。某些事物尽管被种种迷雾所笼罩,但我们仍能以时间为轴而发现其运行轨迹。

20世纪70年代末,非公有制经济随着改革开放而破土重生,家族企业随之出现。它们中大部分几乎都是从低资本的小作坊或微型贸易开始,历经百转千回,时至今日已发展成为颇有影响力的行业领袖或上市公司。这是民企的成长道路。

民营企业作为公有制经济的重要补充力量,它的生存、发展和价值观始终饱受质疑,多在少人疼少人爱中自生自灭中,长时间遭遇漠视、排挤甚至被设置重重门槛。当其野蛮成长并占据中国经济的半壁江山时,我们才猛然发现正是民营经济的出现才真正带动起科技、发展模式和观念的创新;当中央提出供给侧改革政策和工匠精神之时,我们更意识到它的无限活力,这是社会重新审视其重要性的转变。

习惯了多年的高速增长过后,近几年,不少企业主们明显感觉到步履沉重,低速增长正成为经济发展的新常态。这是未来国内经济发展的趋势。

伴随着老一辈企业主的逐渐老去,家族大树正日益茁壮。在爷生子和子生孙的轮回中,人口得以持续衍生。家族成员数量开始增多的同时,新的家庭又不断出现。大家族如同开枝散叶的榕树一般，向四周生长与蔓延。受此影响，家族产业数量和经营范围也随之扩大，由过去的单一化增容为多元化，或将原有的产业链条拉伸拉长。这是家族成长的普遍趋势。

随着社会的进步和企业的发展，子女们陆续加入，更多的外部专业人士也被吸引到家族企业中来，其原有紧固的股权结构正悄然发生变化，由封闭逐步走向开放。突出的表现是由原先最早的单一性的夫妻档或兄弟档组合，变化成为今天的"父母＋子女"组合、"父母＋子女＋非家族成员"家族控股式组合，甚至有的成为公众化的上市公司。随着传统"人治"模式的松动，企业治理的现代化印记逐渐凸显，否则无法吸引优秀的子女和家族外成员的加入，更无法适应新时代的挑战。这是家族企业治理方面推陈出新的发展趋势。

在花开花落的自然规律的驱使下，日渐年迈的老一代企业主无时无刻不在思考未来的传承话题。他们饱受传统文化浸淫，尽管始终难以逃离"子承父业、长幼有序、诸子均分"的束缚，但面对企业未来发展、技术进步、子女能力与意愿、家庭人力资源储备等种种现实，原有的传承思路逐渐变得模糊和不确定。时代的脚步不会在任何地方停留，面对各种挑战和机遇，我们的思想和行动也随之发生变化。如何在变化中拨云见日，紧紧把握住时代的脉搏并捕捉到趋势？如今企业主的平均年龄已经超过 50 岁，未来 5—10 年将是家族企业交接班的密集期，传承话题正成为家业发展中的主线。通过与众多家族两代人的深度接触，我逐渐走进了他们的内心世界。我发现两代人对于完成传承过程中表现出的种种焦虑和不安，主要是来源于各种传承关联因素的不确定性，由此使得传承受之影响而出现波动。结合这几年艰难的实践调研，我总结得出传承中的八大未来趋势。

趋势一：子女的独立意识

家族的下一代成员开始思考加入家族企业是否值得

在调研中我发现很多二代年轻人都曾有这样的感慨："除了加入家族企业之外，似乎别无选择。"面对"熟悉"的家业和外部世界的种种诱惑，新生代们已经不由自主地开始怀疑起加入家族企业究竟是利还是弊？

造成年轻人选择不加入的原因很多，如：长期西方教育下的影响（越来越多的孩子自中学时代起便选择在国外读书）；试图摆脱父母的控制；渴望通过创业实现自我，等等。很多富家二代学成回国后不愿意加入父辈企业，而是选择创业或加入到非家族企业，他们除了不打算重复父母的艰辛劳作之外，更希望从事金融、互联网科技和其他感兴趣的行业；而且学历越高的下一代，未来选择的机会也会更广阔。

本书中年轻人在国外读书的平均时间超过 5 年。由于长期受西方的教育，虽然依旧是黄皮肤，但思想上已超向于中西融合。在这两种文化的碰撞之下，两代人的经营理念很容易在某些问题中发生"冲突"。如果冲突得不到有效的抑制和解决，很可能造成下一代人选择离开。

究竟下一代会做怎样的事业选择呢？其实这很大程度上取决于他们与家族联系的紧密程度和父母的压力强弱。规模较大且发展良好的企业，父母所给的压力自然较大；相反，对于那些竞争力相对弱小的企业，父母则未必强求子女。通常情况下，老实、乖巧和顺从的子女多会选择加入家族企业，那些不"安分守己"的孩子则"想法"很多，叛逆性强一些，因此抵触性更大，这与教育程度关联性则不大。

2013 年上海交大在对近 200 家内地家族企业调研时发现，其中 82% 的企业主认为说服子女继承家业存在困难，只有 18% 有主动的接班意愿。不乏有二代认为如果选择加入家族企业，自己将来可能牺牲太多；更不愿意因为接班后的经营业绩达不到期望值而备受各方面的压力和父母的指责，因而在众人面前变得没有"面子"。

事实上，很多年轻二代们的想法已经变得与他们的父母"格格不入"。一代人希望子女们能够肩负家族使命，确保家业持续发展，在他们的世界观里，似乎只有这样才能做到"忠孝两全"。尽管大部分企业家们在很多公开场合表达了对孩子们未来选择的尊重和理解，但在他们的内心深处仍渴望下一代能够接班。

如何提升家族企业与年轻人的联系，增强他们对企业的了解和情感呢？我认为培养孩子们对家族企业的自豪感和经常介绍事业的新进展尤为重要。

令人鼓舞的是，有些企业主已经意识到子女们对创业的渴望，所以有时会拨出"专项"资金，专为学成回国的孩子创业而设立（其实多是在父母的庇护下实现的）。这种做法的好处是显而易见的，不但可以吸引下一代回归，也有助于分散家族业务，尝试更广阔的生意发展空间。但是，父母对于孩子们的财务支持必须是有限度的，否则很容易被挥霍。

内在风险：

1. 年轻二代如果无法自主决定未来事业的选择，有可能产生对家族企业的负面情绪；

2. 两代人容易在文化和价值观上产生冲突。

建议方法：

1. 父母与年轻人探讨未来的事业规划；

2. 营造良好环境让下一代人尝试个人志向；

3. 借助外部导师为下一代人提供辅导支援。

趋势二：使用职业经理人
越来越多的家族企业引入职业经理人打理

职业经理人正在获得越来越多的施展个人能力的机会。调研中，我发现超过八成的未来接班人持有将来借助外部力量管理家业的愿望。但是，在相对传统和封闭的家族企业中，企业主通常是很难将不熟悉或不完全可信的非家族成员带入企业内担任核心职位的，信任是首要问题。

凡事都有两面性，但选择使用职业经理人明显利大于弊。家族企业由于增速快、规模大，并非每一个家族成员都具有独立的管理能力，或因人力储备不足而导致难以推动企业进步。引入家族外部专业人士却能弥补这方面的缺憾，他们不仅能够带来新的管理方式、技术，挑战原有低效率的治理架构，而且还可以帮助那些碍于情面的家族，借他们之手来剔除企业中的某些"毒瘤"。

对于家族企业来说，创始人最为担心的是外人的加入而导致权力分散，甚至失去对企业的绝对控制；同时，下一代人忧虑随着父辈们影响力的衰弱，未来企业内部的权力平衡将被打破；某些家族成员也担心原有的治理架构和个人利益将受到不同程度的冲击，其他亲属的地位出现动摇。另外，职业经理人在提升经营业绩的同时，家族原有的声望、影响力和无形资本（如人脉、政商关系等社会资源）将被弱化，甚至是转嫁到他人身上。

但随着更多方洪波（美的）、李嘉（统一润滑油）、陈志坚（中华燃气）的出现，我们有理由相信越来越多的德才兼备的经理人将被赋予更多权力参与到家族企业管理中去。

事实上，这些家族外的经理人很难"取代"家族成员，相反他们中的有些人不但成为了家族二代们的良师益友，而且正担负起培养年轻人的角色。

对于引入职业经理人，家族内部通常会遇到两方面的挑战。其一是如何在家族内部达成对引入该种机制的共识；其二则是明确选择的时机和用人标准。

对于两者间的契合度，同样考验着企业和职业经理人的智慧。除了双方君子协议中划定的权利和义务之外，职业经理人还必须对家族矛盾具有敏锐的嗅觉，在不轻易卷入家族内部争夺的同时，尽快认同企业文化。

内在风险：

1. 职业经理人未获得家族或企业应有的奖励和认同；

2. 职业经理人因缺乏职业操守（如忠诚度、敬业力）或能力水平而导致企业利益受损；

3. 就管理权问题（如决策、权力分配）容易与家族成员产生分歧。

建议方法：

1. 事前深入了解职业经理人的品格、能力和执业经历；

2. 清晰界定双方的角色和责任，尤其是最终的决定权；

3. 家族内部保持包容的开明风气。

趋势三：治家理念

家族逐渐意识到建立良好有序的内部治理的重要性，但并不知道如何找到突破口

由于国内家族企业成立时间短，发展速度快，享受成功之下，很多企业主认为建立家族治理的必要性不大。父辈作为一家之主，早已经按照传统做法主宰了家庭和企业事务的决定权，约定俗成的惯例已构成了足够的道德约束，只是这些规范通常出现在日常行为中，并没有通过文字的形式记录下来。

随着社会的进步和家庭规模的扩大，即使建立家族治理的意识已经在逐渐增强，但仍有相当数量的家族对此普遍缺乏足够的理解，而是将其视为西方的产物，并不符合"国情"。

"没有规矩，不成方圆"。因缺乏家族治理规范已经成为家业失败的重要因素之一，尤其是当家族成员代数增加人员众多，恰逢权力交接的关键时期，很容易演变成为外界瞩目的内部纷争事件。何鸿燊家族便是其中典型的例子。

建立公平有序的治理规范，无论是对于家庭和谐还是家业发展都十分必要，内部和谐有赖于每位成员的参与和维系，而家族治理制度则提供了一个更加规范化的正式平台，有利于成员之间达成共同协议，携手创造透明开放的决策条件和经营环境。

尽管建立家族治理机制十分有益，但很多的家族并没有具体实施，只有极少数出台了治理规范，如香港的李文达家族（李锦记）、河北的孙大午家族（大午集团）。

建立家族治理规范的阻力主要来源于：中国传统家族文化的不公开化和含蓄性；个别成员不愿意受到过多限制；父辈的权威过于庞大，其他成员无力谏言，等等，以致难以完成。

实际上，教育最为关键，尤其是借助个案研究，家庭成员可以从中学习参考其他家族的成功经验。同时借助于家族企业研究顾问，在推进家族讨论争议性话题时担当重要角色，亦可营造出公平透明的气氛，鼓励家族成员畅所欲言。

至于家族治理机制的细密程度，则取决于家族内部人员结构的复杂性和财务投入程度。一般来说，对于结构相对简单的家族，定期举行内部会议就足够了；但对于成员较多的家族，则要更多地借鉴李锦记模式，相应地成立家族理事会或是制定家族宪章。

针对千差万别的家族现状，不一定非要拘泥于设立类似于家族理事会、家族宪章等形式，最重要的是确保每一位成员都享有平等的机会参与家族内部重大事务的讨论。

内在风险：

1. 家族内部缺乏沟通和集体协商的意识；

2. 正式性或非正式的家族治理方式不恰当；

3. 围绕某些关键问题产生分歧。

建议方法：

1. 全家为参与家族事务的成员制定条件；

2. 争取引入整个家族认同的治理制度；

3. 就制定治理内容和过程进行深度协商；

4. 根据不同时期的变化，适时完善治理内容。

趋势四：企业所有权变化

企业的管理权由集中变为松散

根据中国的传统，家族企业多由创始人的后代共同继承，子女们均分企业所有权，这就是古代"诸子均分"的现代沿袭。通常情况下，长子担任领导的角色，其他兄弟则辅助。

目前国内的家族企业所有权正由单一性的夫妻或兄弟所有，逐渐变化成为父母＋兄弟姐妹混合制，或是兄弟姐妹共有，相信以后可能演化成兄弟姐妹＋堂兄堂弟的交叉持有。

但在许多家族中，由于能力、意愿或其他原因，在多子女家庭中选出最佳人选的几率并不高，导致越来越多的家族年轻成员不愿意参与家业管理而做出其他选择，这种打破传统的做法正渐渐成为趋势。

对于那些保持家族控股但并非由家族内部成员管理的企业，其未来将取决于多重因素，包括家族成员之间的紧密程度、家族与非家族成员的管理人（职业经理人）之间的信任和交流、家族成员对企业的了解和热爱程度，以及企业、家庭和个人利益如何平衡等。

倘若企业治理平台不够完善，或因多方之间沟通不够充分，决策过程欠缺透明度，问题便由此产生。如：企业盈利后的利润分配问题、投资再生产问题等，如果诸方意见不合则导致冲突产生。此外，某些家族成员也可能对职业经理人心怀不满，认为他们不恰当地"瓜分"了家族的经营成果。

除此之外，其他情形同样可能引发未来冲突。如未在企业任职的家族成员，同样分得了父母的资产，甚至有可能超过已在企业任职的家族成员，这样可能引发后者的不满情绪。部分开明的企业主认为，家业资产应由全部家庭成员集体持有，这有利于拓宽家业的未来发展机会，既满足不同成员希望打理家业的意愿，还为下一代提供了自立门户的机会。

实际上，家族和家业是紧密相连的，一方如果发生了变化便会对另一方产生影响。假如将某个家庭成员排除获得所有权之外，实际上就等同于剥夺了他的继承权，不再将其视为家族中的一分子。因此，给予每一位家族成员"面子"和尊重家族传统至关重要。

内在风险：

1. 出现个人利益高于集体利益的可能，譬如说父母过于看重对子女的一视同仁，但实际上却对他们未能公平对待；

2. 对于那些不在企业内部任职的家族成员过于容忍和财务上的"额外"支持。

建议方法：

1. 清晰界定出企业所有人担当的不同角色；

2. 明确传承计划和资产分配的规则和预防措施；

3. 鼓励家族成员定期举行会议商讨。

趋势五：共同的价值观

家族企业在聘请外部专业人士加入时，更加看重双方共同的价值观

通常情况下，家族企业在聘请非家族成员出任高级职位时，不仅会考虑其品德和工作能力，更希望了解其价值观和"处世哲学"。在这种意识的支配下，那些价值观相左或无法适应家族文化的非家族成员是难以在企业长期留任的。

职业经理人进入家族企业后，首先要了解的是企业文化价值观。因为这些文化往往是凝聚企业的张力，更是企业独有的特质符号。但是，识别这些文化通常是知易行难，尤其是当企业已经传承到第二代甚至是第三代时，家族成员所秉持的价值观可能会演变得含糊不清，过于理想化、口号化，甚至是相互矛盾，以致很难向外人交代清楚。

华人家庭一般不会正式地讨论内部价值观，除了因为"长幼有序、论资排辈、和为贵"等根深蒂固的儒家思想外，也有顾全大局和维护面子的原因。随着时代的进步和企业发展中的诸多障碍（如：核心员工的流失），许多企业主已经开始反思，家族是否需要明确对外阐述价值观。

如何向家族和非家族成员解释和传达价值观呢？其实识别这些冠冕堂皇的内容并不难，但是倘若实际了解其真正的内容却不是易事。教育和分享则是最有效的方法。家族事迹、家业发展轨迹、所遇到的经营挑战等可以触动他们的心灵，让家庭成员有机会分享家族的奇闻轶事。

潜在的风险：

1. 成员之间各自所持有的价值观不同，对家族整体的价值又缺乏了解，容易引发混乱；

2. 非家族成员因不理解或不认同家族的价值观而引发不满情绪，以致可能做出损害家族及企业声誉的行为；

3. 对某些做出违背价值观行为的家族成员未采取行动批评和纠正。

建议方法：

1. 确保家族能够清晰表达价值观；

2. 根据不同时期的情况变化相应地完善价值观；

3. 确保在聘用职业经理人过程中，能够有效确定候选人与家族具有趋同的价值观，并让其意识到其作用的重要性。

趋势六：女性家族成员的成长

女性正成为家族事业成长中不可忽视的力量

当今越来越多的女性成员接受高等教育，其中很多人已经在专业领域、学术研究和政坛上出类拔萃。但在华人的世界观里，传统上权力依然集中在男性成员手中，这也是董事会中女性为何寥寥无几的原因。

由于国内的计划生育政策已经施行了30余年，当企业主的下一代成员中没有男性可接任时，年轻的女性成员自然被推到了前台。刘畅、宗馥莉、杨惠妍便是其中代表。

尽管如此，但在有些家族企业中，即使一名女性成员已经担任企业的高级职位，但当其兄弟加入企业后，该名女性很有可能自动或被要求放弃原有职位，甚至是离开公司。

相比较于男性成员，在维护家族价值、缓和内部矛盾、投资理财等方面，女性成员有着得天独厚的优势，在现实中发挥着重要的角色。

然而，由于性别上的差异，女性的个人选择同样成为接班人选的内在障碍。很多女性基于婚后家庭、子女培育和个人兴趣方面的考虑，而最终没有加入家族企业中来。对此，很多企业主已经有所察觉，并做出了相应的妥协或调整，在企业内部为她们营造更为宽松灵活的就职环境，让更多女性能够在家庭和事业中谋取平衡。

总之，无论是企业还是女性成员自身遇到何种障碍，只要她们具备一定的管理技能和加入意愿，企业主就应该创造条件给予满足，积极鼓励她们参与，在沟通和决策过程中保持开放态度非常重要。

内在风险：

1. 未意识到女性成员的综合力量；

2. 固执地偏好男性成员参与企业，而忽视女性的意愿；

3. 未能给予公平的培养和晋升机会，导致女性成员流失。

建议方法：

1. 鼓励女性成员积极参与家业管理，并给予公平对待；

2. 研究不同的方式吸引女性成员加入，有创意地调整企业运作并配合女性的实际情况；

3. 确保女性享有晋升成长机会，并为其家庭提供必要的帮助。

趋势七：财富规划

投资理财成为热点，成为家业发展的重要补充，并担负着传承重任

当企业遭遇经营挫折，或企业主不看好未来实业类资产的预期收益，或感到身心厌倦时，他们当中越来越多的人开始思考如何通过其他方式进行财富创造。最近几年，我陆续参加了某些投资机构峰会，深刻体会到目前高净值家族对于投资理财的热衷程度。

"不要把所有的鸡蛋放在同一个篮子里。"这是我们听到最多的、朴实的投资心得。随着国内私募基金和投资理财机构的增多，为家族企业提供了更多的投资机会。他们所面对的选择不只是传统意义上的买铺、买楼、买股票和期

货，而是更上了一层楼，天使投资、资产配置、基金信托，等等。

流动性的财富是需要管理的，部分家族选择委托专业机构（如家族办公室）管理财务，同时由下一代人管理和守护上一代人所创造的财富的现象日渐普遍。随着更多的财富趋于流动性，在不同利润率面前，有些家族已经开始反思是否坚守本业，或是考虑新的事业方向。

内在风险：

1. 缺乏长期战略性的财务规划；

2. 投资失误导致损失。

建议方法：

1. 制定财富管理策略，确保个人与企业的需求，在风险与回报中取得平衡；

2. 寻求外部专业机构辅导。

趋势八：无形资产的传承

无形资产的传承难度大于有形财富

我们通常把家族精神、家族影响力、政商关系、社会人脉等统称为无形资产，而现金、地产、债权、股权、股票等可触摸到的资产称之为有形财富，两者同为传承内容。我已经不止一次听到年轻人认为接手无形资产有相当的难度。

家族里的年轻人除了花费长时间与员工、客户、供应商、投资机构建立情感和发展商业合作之外，同样要致力于与政府和社会建立良好的互动关系，这些关系对企业的未来发挥着积极意义，更代表着家族企业的权力基础。

尽可能地将无形资产转移给下一代，对于维护家族企业的独特身份至关重要，但如何移交则考验着上代人的智慧。无论如何，他们不愿意看到那些花费了大量精力建立起来的无形资产传递到家族外成员。

相当数量的子女都有海外读书经历，他们回到家族企业后，通常很容易接手有形财富，但面对无形资产则表现出诸多不适应性，对无形资产的"价值"估量不足。同时，无形资产中的部分内容也处于变动中，间接提高了传承难度。

内在风险：

1. 年轻的家族成员对企业的长期规划和无形资产所发挥的作用缺乏足够的认识；

2. 因缺乏明确的传承规划而得不到相关外部力量的支持和理解；

3. 移交不良或前后衔接上的风险。

建议：

1. 确保下一代充分认识到无形资产的重要性；

2. 在建立某些重要关系时，尽可能鼓励年轻人参与其中；

3. 鼓励下一代加入尽可能多的行业商会和组织。

感谢语

出版此书原本不在我的计划之内。初衷本是为了完善案例库，备作研究之需。若后来没有刘明和孔晓衡同学的鼓动，本书将难以问世。

他俩是我当年读研时的同窗，关系甚笃。刘明同学在孜孜不倦之下已悄然成为金融业界的后起之秀；工科出身的晓衡同学虽不善言辞，但极具内秀，犀利的眼光和富有前瞻性的视野总是让他立在高处，在管理思维领域的诸多见解独树一帜。

正当我埋头梳理分析调研数据之时，他们竭力鼓励我从中筛选出有代表性的案例并整理出书，理由是这些发生在身边的企业家的故事很有代表性，而且还能给那些有需求的群体带来借鉴。但彼时我已身心俱疲，无力动笔，直至被他俩打动了，猛然发觉其实这是一件很有意义的事情，将这些案例经验和本人的研究成果与读者们分享，也算得上是一件功德之事。于是便用了两个月不到的时间，匆匆草成。

本书中我曾多次提到，珠江两岸的企业主们大多表现得低调和内敛，不愿意被外界过多打搅。所以，我要首先特别感谢那些配合我完成调研工作的企业家和他们的子女！面对我的某些深度提问，他们都能非常坦然、没有太多保留地说出了各自的心里话。从这些话语中我已经深切地体会到了两代人目前的期盼和焦虑。我始终坚信着，正是这些企业家不懈的尝试和努力，才推动着企业的奋勇前行。

感谢著名财经作家吴晓波老师，他在百忙当中仍抽出时间给予了本书斧正和积极谏言！

感谢刘靖民老先生，作为国内家业传承课题的最早研究者之一，在充分肯定我的研究内容的同时，同样给我莫大的鼓励和指导！

感谢暨南大学管理学院院长助理邓地博士对我调研工作的支持！若没有他的鼎力加持，我恐怕无法完成这项艰巨的任务。

感谢李进一教授！他始终以严谨的治学态度鞭策着我把这项传承课题进行得扎实和深入。

感谢刘晓华同学，作为资深财务专家，他在家族资产管理领域给予我许多专业的指导意见！

感谢深圳家族办公室促进会，作为国内家业传承方面成立的首家专业组织，闵齐双会长在本人的传承研究过程中，同样给予了大力支持！

感谢井田（香港）商学院的梁嘉小姐，她本身作为二代青年中的优秀代表，为我探索这个群体的内心世界提供了宝贵的指引意见。

关于这部书的出版，我特别感谢当代世界出版社的孙真老师和大吕文化的梁秋丽老师。他们非常敬业，对于此书的出版付出了巨大的努力！

最后，更感谢我的妻子！在我调研和写作的过程中，给予了我莫大的鼓励和理解，让我从容地完成了所有工作。

总之，除了感谢，还是感谢……

韩　东

2017 年 5 月初夏

于东莞工作室